第**2**版

中小企業診断士

第2次試験 事例IV の解き方

TAC中小企業診断士講座

TAC出版

TAC PUBLISHING Group

はじめに

　本書は、中小企業診断士第2次試験の事例Ⅳの対策書籍です。

　事例Ⅳを攻略するうえで重要なことは、①**問題の設定を正確に読み取る**こと、②**適切な計算手順・過程により正確に最終数値を算出する**ことです。これらは、問題の論点や計算要素、計算過程を意識しながら繰り返しトレーニングすることで、十分身につけることができます。

　本書では、事例Ⅳでの出題範囲を6つのテーマに分けて、各テーマのはじめに「基礎問題」を、つぎに、文章量が多く本試験に類似した「応用問題」を、最後に、実際の本試験問題を収載しています。

　また、応用問題と本試験問題の解説では、「**講師の解き方**」、つまり**講師が問題を解く際に行った解答手順や思考過程を掲載**しています。これは、独学ではなかなか習得できない重要な合格ノウハウですので、ぜひ本書でしっかりと身につけてください。

　まず、基礎問題を通じて適切な計算手順を身につけ、応用問題で講師のデータの読み取り方や解き方を学ぶことにより**自身の解答プロセスを確立させ**、最終的に**本試験での対応力を向上させる**ことが本書の目的です。

　本書を活用して、皆様が2次試験に合格されることを心よりお祈りいたします。

2024年3月

TAC中小企業診断士講座

本書の構成と活用方法

　本書は、本体の「解答・解説」と、別冊①の「問題」、別冊②の「解答用紙」とで構成されています。別冊の問題と解答用紙は、本体から取り外して使用しましょう（取り外し方は、別冊をくるんでいる色紙に記載しています）。

1 問題について

　問題はテーマごとに、「基礎問題」⇒「応用問題」⇒「過去問にチャレンジ！」という流れになっています。これにより、基礎から本試験レベルまでの演習ができるようになっています。

❶　基 礎 問 題

　　1次試験の「財務・会計」の科目で学習した内容のうち、2次試験においても重要となる問題を収載しています。基礎問題の演習を通して、適切な計算手順を身につけます。

❷　応 用 問 題

　　複数論点を含む複雑な問題で、問題本文の分量も多い問題を収載しています。本文、設問、財務諸表等から解答に必要なデータを読み取ることが重要となります。

❸　過去問にチャレンジ！

　　本試験問題の一部を抜粋収載しています。計算手順や解答に必要なデータの読み取りに注意して解いてみましょう。

2 解答・解説について

　問題を解き終わったら、「解答・解説」で確認しましょう。

3 講師の解き方

　応用問題と過去問にチャレンジ！については、「講師の解き方」を載せています。これは、TAC中小企業診断士講座の現役講師が、実際に解答にあたって**問題本文のどこに着目し、財務諸表のどの数字を使用して、どんなことに注意して問題を解いていったかを再現**したものです。

　「講師の解き方」の手順や考え方を参考にして、自分なりの解答アプローチを組み立てていきましょう。

〈問題〉

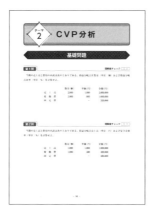

〈解答・解説〉

計算メモ

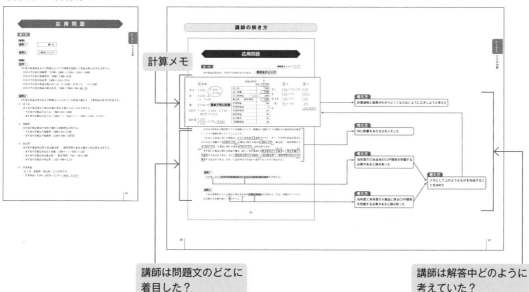

講師は問題文のどこに
着目した？

講師は解答中どのように
考えていた？

購入者特典として 「講師の解き方動画」 を大公開！

　本書に収載した問題の中から1問を使用して、TACの現役講師による解き方の動画
を公開いたします！ TAC出版書籍販売サイト「Cyber Book Store（サイバーブック
ストア）」内の「書籍連動ダウンロードサービス」にアクセスし、下記のパスワードを
入力してご利用ください。 https://bookstore.tac-school.co.jp/

パスワード： 240411089

（公開期限：改訂版刊行月末日まで）

事例Ⅳの効果的な学習方法

「理解すること」と「できること」は、イコールではありません。試験に合格するためには、時間内で正確に計算処理することが必要になります。計算パターン・処理手順を定着させるためには、繰り返し学習が重要です。ただし、「問題を5回繰り返して解く」という目標を立てたとしても、ランダムなやり方で単純に5回解くだけでは処理手順が定着せず、その時間は無駄になります。処理手順を理解したうえで、定着（覚える）させるために繰り返しているという意識を持つことが重要です。

◢1 問題の論点を意識する

問題を解く際には、何が「論点（要点・ポイント）」となっているのかを意識しましょう。単純に正解について判断するのではなく、その問題の論点についての知識が一般化して活用できる状態になっているかどうかが重要です。問題の論点を意識して、その問題の特徴や解法、間違いやすいポイントなどを覚えてしまうくらいの取り組みが必要になります。

> **例 加重平均資本コストの問題のポイントは何か？**
> ・資本構成割合を時価で認識する。
> ・負債資本コストに負債利用による節税効果を認識する。
> ・株主資本コストをCAPMや配当割引モデルにより計算する。

また、解けた問題についても時間が経てば処理手順を忘れてしまうことがあります。解けた問題についても、解けなかった問題と同じように問題の論点を定期的に見直していき、処理手順を定着させましょう。

◢2 計算要素、計算過程を意識する

近年の試験では、計算過程が問われています。出題者は、計算過程を問うことで、その論点についての受験者の理解度を測ることができるからです。

たとえば、損益分岐点比率の計算過程が要求されている場合、計算過程に何を示せばよいでしょうか。損益分岐点比率を計算するには、損益分岐点売上高と（実際）売上高の2つの要素が必要になります。さらに、損益分岐点売上高を計算するには、変動費率と固定費の2つの要素が必要になります。

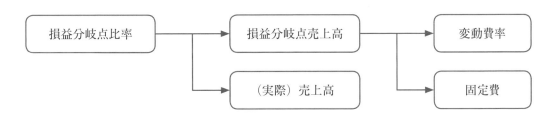

○損益分岐点売上高の計算

　・変動費率＝△△△

　・固定費＝□□□

　・損益分岐点売上高＝○○○

○損益分岐点比率の計算

損益分岐点比率＝☆☆☆　　∴　安全性が低下している

※ 計算過程内でコメントも問われる場合がある

　適切な計算を行うために、普段から計算過程を意識して演習やトレーニングを行うことは効果的です。普段から計算過程をノートなどに正確に記述するよう心掛けましょう。

3 チェックリストを作成する

　問題が解けなかったら、なぜ解けなかったのかを考えましょう。解けない理由としては、「処理手順を覚えていない」「知識が曖昧」「理解不足」などが想定されます。理由を明らかにすることで、具体的な対策を打ち出すことができます。それらをノートなどにまとめてリスト化するのもよいでしょう。間違えた箇所などは再度間違うリスクが高いため、つねに確認できるよう記録として残しておきましょう。

例 ノートなどにまとめてリスト化

日付	論点	原因・対策
○/△	WACC	（原因）株主資本コストの計算で誤り （対策）CAPMの算式を確認！リスクフリーレートの足し忘れに注意
○/△	CVP分析	（原因）安全余裕率と損益分岐点比率を混同して誤り （対策）損益分岐点比率のほうを優先して記憶する。たとえば、 　　　　…………

CONTENTS

解答用紙ダウンロードサービスについて

解答用紙は、TAC出版書籍販売サイト「Cyber Book Store（サイバーブックストア）」からダウンロードしてご利用いただけます。繰り返し学習にぜひお役立てください。

テーマ
1

経営分析

◆

◆

◆

解答・解説

基 礎 問 題

第1問

〈解答〉

	財務指標		計算式
収益性	売上高総利益率		売上総利益÷売上高×100（％）
	売上高営業利益率		営業利益÷売上高×100（％）
	売上高経常利益率		経常利益÷売上高×100（％）
安全性	短期	流動比率	流動資産÷流動負債×100（％）
		当座比率	当座資産÷流動負債×100（％）
	長期	固定比率	固定資産÷自己資本×100（％）
		固定長期適合率	固定資産÷（固定負債＋自己資本）×100（％）
	調達構造	自己資本比率	自己資本÷総資本×100（％）
		負債比率	負債÷自己資本×100（％）
効率性	総資本回転率		売上高÷総資本（回）
	売上債権回転率		売上高÷売上債権（回）
	棚卸資産回転率		売上高÷棚卸資産（回）
	有形固定資産回転率		売上高÷有形固定資産（回）

〈解説〉

　1次試験ではさまざまな財務指標を学習したが、2次試験では上記の財務指標を優先して解答できるようにしておくとよい。なお、安全性の「短期」「長期」「資本調達構造」におけるそれぞれの財務指標は順不同である。

第2問

〈解答〉

売上高総利益率	19.38%
売上高営業利益率	2.40%
売上高経常利益率	0.63%
売上債権回転率	4.17回
棚卸資産回転率	8.57回
有形固定資産回転率	1.50回
流動比率	139.38%
当座比率	101.25%
固定比率	152.63%
固定長期適合率	83.51%
自己資本比率	38.56%
負債比率	159.33%

〈解説〉

代表的な財務指標値の計算が問われており、以下のとおり計算される。

財務指標	数値	計算過程
売上高総利益率	19.38%	$930 \div 4,800 \times 100 = 19.375 \fallingdotseq 19.38(\%)$
売上高営業利益率	2.40%	$115 \div 4,800 \times 100 = 2.395\cdots \fallingdotseq 2.40(\%)$
売上高経常利益率	0.63%	$30 \div 4,800 \times 100 = 0.625 \fallingdotseq 0.63(\%)$
売上債権回転率	4.17回	$4,800 \div 1,150 = 4.173\cdots \fallingdotseq 4.17(回)$
棚卸資産回転率	8.57回	$4,800 \div 560 = 8.571\cdots \fallingdotseq 8.57(回)$
有形固定資産回転率	1.50回	$4,800 \div 3,190 = 1.504\cdots \fallingdotseq 1.50(回)$
流動比率	139.38%	$2,230 \div 1,600 \times 100 = 139.375 \fallingdotseq 139.38(\%)$
当座比率	101.25%	$(470 + 1,150) \div 1,600 \times 100 = 101.25(\%)$
固定比率	152.63%	$3,190 \div 2,090 \times 100 = 152.631\cdots \fallingdotseq 152.63(\%)$
固定長期適合率	83.51%	$3,190 \div (2,090 + 1,730) \times 100$ $= 83.507\cdots \fallingdotseq 83.51(\%)$
自己資本比率	38.56%	$2,090 \div 5,420 \times 100 = 38.560\cdots \fallingdotseq 38.56(\%)$
負債比率	159.33%	$3,330 : 2,090 \times 100 = 159.330\cdots \fallingdotseq 159.33(\%)$

〈解答〉

財務指標	影響
流動比率	→
当座比率	→
自己資本比率	↑
負債比率	↑

〈解説〉

事業活動による財務指標への影響が問われている。変化する数値は、固定資産と固定負債と総資本（総資産）の額である。

解答する財務指標の計算式は次のとおりである。

財務比率	計算式
流動比率	流動資産÷流動負債×100（％）
当座比率	当座資産÷流動負債×100（％）
自己資本比率	自己資本÷総資本（総資産）×100（％）
負債比率	負債÷自己資本×100（％）

流動比率および当座比率の計算要素はいずれも変化しないため、財務指標への影響はない。

自己資本比率については、総資本が減少する一方で、自己資本は不変のため、自己資本比率は良好になる。

負債比率については、負債が減少する一方で、自己資本は不変のため、負債比率は良好になる（負債比率は数値が低いほうが良好な状態であることに注意する）。

【補足】経営分析のプロセスを固めて対応する

過去の本試験においては、第1問で必ず経営分析が出題されている。そのため、事例に適した財務指標の抽出および記述を行うための「解答プロセス（どのような事例が与えられても適切に処理するためのプロセス）」を固めて対応する必要がある。以下はプロセスの一例であり、各自のプロセスを固める際の参考にしてほしい。

〈財務指標の抽出〉

・問題要求（D社の優れている点・課題など、問われている内容）を確認する。
　↓
・財務諸表を一読する（特徴の把握）。
　↓
・問題本文を通読する。
　↓
・個別問題を一読する（第1問で改善策が問われていない場合）。
　※　課題や問題点として指摘する事項については、本事例を通じて改善される必要がある（改善しないことを指摘する妥当性は低い）。したがって、個別問題で記されている具体

　的改善策から、指摘する課題などを推測することができる場合がある。
　　↓
・①問題本文、②財務諸表、③個別問題よりD社における問題要求の内容（D社の優れている点や課題としてどのようなことがいえるのかなど）を検討する。
　　↓
・上記で検討した内容を最も適切に表す財務指標を抽出する。
　　※　基本的には、収益性・効率性・安全性の観点から1つずつ財務指標を抽出する。なぜならば、これにより複数の観点からの多面的な分析が可能になるからである。
　　↓
・財務指標値を計算し、問題要求に適するかの妥当性を判断する。
　　※　たとえば、財務指標の数値が良好であるにもかかわらず課題と指摘するのは妥当性が低い。
　　↓
・最終的に解答する財務指標を決定する。
　　※　四捨五入について、割り切れる場合にはその後に0を付す必要はない。
　　　例）小数点第3位を四捨五入せよ。
　　　　①　$10 \div 3 = 3.333\cdots$ →「3.33」と解答
　　　　②　$10 \div 4 = 2.5$ →「2.5」と解答（「2.50」とは解答しない）

　記述では、財務指標の選択根拠を記すと考える。そのため、選択した財務指標に対応した内容を記述することになる。よって、財務指標の抽出の際に記述内容も同時に検討しておくとよい。以下は記述プロセスの一例である。

〈記述のプロセス〉
・問題要求（課題が生じた原因など記述すべき要素）を確認する。
　　↓
・財務指標の選択根拠を明確にしておく。
　　↓
・問題要求と財務指標の選択根拠から記述内容を決定する。
　　※　記述内容は、原則、財務指標を計算する際の分子と分母の要素に言及する。たとえば、売上高営業利益率であれば「売上」と「費用（収益性の指標の場合には、分子は利益であるが、利益を構成する売上を分母で答えるため、対応として費用を答える。よって、売上原価・販管費が解答要素となる）」、有形固定資産回転率であれば、「売上」と「有形固定資産」に言及する。

〈解答〉

設問1

①	減少	②	増加	③	D社で使用している食材の多くが値上がりしている
④	内部留保（利益剰余金）	⑤	新商品開発		
⑥	売上高総利益率	⑦	有形固定資産回転率	⑧	自己資本比率

設問2

売上高総利益率	64.44%
売上高営業利益率	△2.22%
売上高経常利益率	△4％
売上債権回転率	112.5回
棚卸資産回転率	10.23回
有形固定資産回転率	1.15回
流動比率	155.36%
当座比率	101.79%
固定比率	198.02%
固定長期適合率	86.58%
自己資本比率	35.19%
負債比率	184.16%

〈解説〉

　設問1 では財務指標の選択プロセスが空欄形式で問われており、 設問2 では財務指標の計算が問われている。

【財務諸表を俯瞰する】

　財務諸表を俯瞰する段階では、特徴的な項目に着目する。損益計算書に着目すると、当期の売上高は前期に比べて減少している。費用の面では、売上原価が増加、販管費が減少、営業外費用は同様であると読み取れる。売上が減少しているにもかかわらず売上原価は増加しており、費用負担が増していると考えられる。

　一方、貸借対照表に着目すると、前期よりも総資産が減少している。資産の項目では、流動資産と固定資産がともに減少している。また、負債はやや減少しており、純資産も減少している。純資産の部の細目に着目すると、利益剰余金が減少している。損益計算書と貸借対照表の関係より、最終的な利益である当期純利益がマイナスであるために、D社の内部留保（利益剰余金）が減少していると推測される。

設問1

　空欄⑥⑦⑧より、課題を示す財務指標が3つ問われていることがわかる。通常、経営分析は、収益性・効率性・安全性の視点から検討するのがよい。3つの視点から検討することで多面的に分析することが可能となる。

(1)　収益性の観点

　　立食スタイルの飲食店の出店が続き、ランチタイムの顧客を奪われたことにより、D社の売上が減少していると読み取ることができる。また、D社で使用している食材の多くが値上がりしているため、D社の売上が減少しているにもかかわらず売上原価は増加しており、費用負担が増している。このことにより収益性が低下していると類推される。

　　以上より、「①減少、②増加、③D社で使用している食材の多くが値上がりしている」となる。

(2)　効率性の観点

　　上記のとおり、D社ではランチタイムの顧客を競合店に奪われていると読み取ることができる。したがって、店舗の売上獲得力が低下しており、効率性が低下していると類推される。

(3)　安全性の観点

　　最終的な利益である当期純利益がマイナスであるため、内部留保を減少させていると考えられる。このことにより、資金調達構造のバランスが悪くなり、安全性が低下していると類推される。

　　以上より、「④内部留保（利益剰余金）」となる。

(4)　D社の課題

　　上記のとおり、D社の収益性・効率性・安全性は低下している。これを改善するために新商品開発から販売までの一連の取り組みを軌道に乗せることが課題である。販売価格に対して、既存品よりも原価をおさえることができる新商品の売上割合が多くなることで、原価率が下がると考えられる。さらに、店内での飲食利用につなげることにより、店舗の売上獲得力を高め、内部留保を蓄積できる体制を整えていき、収益性・効率性・安全性を改善していく。

　　以上より、「⑤新商品開発、⑥売上高総利益率、⑦有形固定資産回転率、⑧自己資本比率」となる。

設問2

当期の財務指標値が問われている。代表的な財務指標値は以下のとおりである。

代表的な財務指標値

	財務指標	比較	前期	当期
収益性	総資本経常利益率	×	3.01％	△3.14％
	売上高総利益率	×	69.17％	64.44％
	売上高売上原価比率	×	30.83％	35.56％
	売上高営業利益率	×	5.42％	△2.22％
	売上高販管費比率	×	63.75％	66.67％
	売上高経常利益率	×	3.75％	△4％
	売上高営業外費用比率	×	1.67％	1.78％
効率性	売上債権回転率	○	80回	112.5回
	棚卸資産回転率	○	10回	10.23回
	有形固定資産回転率	×	1.2回	1.15回
安全性	流動比率	×	164.91％	155.36％
	当座比率	×	105.26％	101.79％
	固定比率	×	186.36％	198.02％
	固定長期適合率	×	84.71％	86.58％
	自己資本比率	×	36.79％	35.19％
	負債比率	×	171.82％	184.16％

（○：前期より向上している、×：前期より低下している）

応 用 問 題

第1問

〈解答〉

設問1

	(a)	(b)
①	自 己 資 本 比 率	49.09(％)
②	売上高営業利益率	1.88(％)
③	有形固定資産回転率	4.33(回)

設問2

近	年	ま	で	は	安	定	し	た	経	営	を	行	う	こ	と	が	で	き	て
お	り	留	保	利	益	が	多	い	。	一	方	で	、	顧	客	が	少	な	い
こ	と	で	地	代	家	賃	等	の	固	定	的	な	費	用	や	保	有	設	備
に	対	し	て	十	分	な	売	上	を	獲	得	で	き	て	い	な	い	。	

〈解説〉

　設問1 で優れていると判断できる財務指標および課題となる財務指標が問われ、設問2 で財政状態および経営成績の特徴が問われている。優れている点および課題と財政状態および経営成績の特徴は相互に関連する事柄であるため、同時に検討する。

【財務諸表を俯瞰する】

　財務諸表を読む場合には、大枠を捉えたうえで特徴的な項目に着目する。

　貸借対照表を見ると、D社のほうが総資産は少ない。資産の部では、流動資産・固定資産ともにD社のほうが少ない。資産の明細も一見しただけでは大きな特徴を抽出するのは難しいが、有形固定資産の差が小さいことに着目できる。負債の部および純資産の部では、D社のほうが負債は少なく、純資産は多い。

　損益計算書を見ると、同業他社と比較して、D社の売上高は少なく、売上総利益以降の利益も少ない。費用は、一見しただけでは大きな特徴を抽出するのは難しいが、販売費及び一般管理費の差が小さく、営業外費用の負担は少ないことに着目できる。

　販売費及び一般管理費の明細を見ると、広告宣伝費と地代家賃の構成比率が高くなっている。

　D社の優れている点と課題を抽出したのちに、それらを適切に示す財務指標を選択する。その後、財務指標値を計算することで解答として妥当かどうかを数値面からも検討し、解答する財務指標の最終決定を行う。

　D社の状況などをまとめると以下のとおりである。

【D社の概要】
・ニーズに合った商品の仕入れ、製造を行っている
・在庫コントロールに注力している
・製造および店舗においてコスト削減に努めている
・買いやすさが顧客の支持を集めていた
　→安定した経営→（優れている点）留保利益の蓄積
〈優れていると判断できる財務指標の候補〉
　①　自己資本比率

【D社の問題点】
・ネット販売が伸張し、顧客が少ない状態である＝売上が少ない
　→人件費などの削減はできているものの、（コスト削減ができないと想定される）固定的な費用に対する売上が獲得できていない
　→設備等（有形固定資産）に見合う売上が獲得できていない

【D社の課題】
・買いやすさの見直し・商品開発により、固定的な費用や有形固定資産に見合った売上を獲得すること。
〈課題となる財務指標の候補〉
　②　売上高営業利益率
　③　有形固定資産回転率

財務指標の数値を計算して、数値面からも優れていると判断できる財務指標・課題となる財務指標として適切かどうかの裏付けを取る。

財務指標	数値
①自己資本比率 （D社＞同業他社）	D社：$487 \div 992 \times 100 = 49.092\cdots \fallingdotseq 49.09\,(\%)$
	同業：$429 \div 1,088 \times 100 = 39.430\cdots \fallingdotseq 39.43\,(\%)$
②売上高営業利益率 （D社＜同業他社）	D社：$29 \div 1,545 \times 100 = 1.877\cdots \fallingdotseq 1.88\,(\%)$
	同業：$83 \div 1,716 \times 100 = 4.836\cdots \fallingdotseq 4.84\,(\%)$
③有形固定資産回転率 （D社＜同業他社）	D社：$1,545 \div 357 = 4.327\cdots \fallingdotseq 4.33\,(回)$
	同業：$1,716 \div 365 = 4.701\cdots \fallingdotseq 4.70\,(回)$

数値面から検討しても、優れていると判断できる財務指標・課題となる財務指標として妥当であると判断できる。

【参考】代表的な財務指標および財務指標値

	財務指標	比較	D社	同業他社
収益性	総資本経常利益率	×	2.82％	7.44％
	売上高総利益率	×	37.86％	38.05％
	売上高売上原価比率	×	62.14％	61.95％
	売上高営業利益率	×	1.88％	4.84％
	売上高販管費比率	×	35.99％	33.22％
	売上高経常利益率	×	1.81％	4.72％
	売上高営業外費用比率	○	0.13％	0.29％
効率性	総資本回転率	×	1.56回	1.58回
	売上債権回転率	○	77.25回	68.64回
	棚卸資産回転率	○	6.18回	6.02回
	有形固定資産回転率	×	4.33回	4.70回
安全性	流動比率	○	141.91％	134.13％
	当座比率	○	63.66％	61.30％
	固定比率	○	93.84％	109.79％
	固定長期適合率	○	74.31％	75％
	自己資本比率	○	49.09％	39.43％
	負債比率	○	103.70％	153.61％

（○：同業他社より優れている、×：同業他社より劣っている）

設問2

D社の財政状態および経営成績の特徴が問われている。設問1でも見たとおり、D社の安全性は高い（留保利益が多い）。これは、近年までは安定した経営を行うことができていたためである。

一方、収益性・効率性は低い（地代家賃等の固定的と考えられる費用や設備等の有形固定資産に対する売上が低い）。そして、この主原因は顧客が少ないために売上が少ないことである。

これらのことを財政状態および経営成績の特徴として80字以内にまとめて記述する（これらの特徴が設問1で解答した優れている点・課題につながる）。

応用問題

第1問   理解度チェック ☐☐☐

　D社は、60年前に設立されたベビー・子供用の生活関連用品の製造小売業である。D社の資本金は30百万円、従業員数は60名であり、X市近辺に12店舗を展開している。創業当時は、宮詣衣装や出産準備品を取り扱っていたが、その後子供服の販売を加えたことにより、現在では「子供衣料」と「育児・服飾雑貨」の2つの商品セグメントで事業を展開している。

— 商品力の高さ→売総

　D社では、<u>ニーズに合った商品仕入れもしくは製造を行うことにより、他社との差別化を図ってきた</u>。また、<u>子供の成長過程に必要な商品を全てひとつの店舗で揃えることや、通路が広く標準化されたわかりやすい売場づくりをしている</u>ことにより、買いやすさの面からも顧客の支持を集めていた。また、<u>数量管理や納期管理の徹底による在庫コントロールに注力している</u>。さらに、<u>製造における継続的な合理化や、店舗における作業効率化を行うなどコスト削減に努めている</u>。これらのことにより、<u>近年までは安定した経営を行うことができていた</u>。

棚は問題ない

— 利益率良い？

内部留保

　しかし、近年は競合各社による幼児・子供用の生活関連品のネット販売が伸張しており、D社店舗の顧客は少ない状態が続いている。とくに、共働き世帯においてネット購入が増しているとD社社長は考えており、実際にD社では「子供衣料」の売上が低い状態にある。

　また、D社が行った品揃えについての顧客アンケートによると、「子供衣料」および「育児・服飾雑貨」についての評価は高いものの、マタニティー衣料を取り扱っていないことへの不満が多く見られた。

　このような状況の中、D社では<u>お客様の立場に立った買いやすさの見直し</u>および<u>品質を備えた魅力ある商品開発を進めていかなければならない</u>と考えている。なお、商品開発においては<u>現在保有している設備に替えて新たな設備を導入すること</u>を検討している。

　以下は、当年度のD社と同業他社の財務諸表である。

問題点
近年は商品力などが
落ちている？

課題
設備→売上

課題
店舗→売上

課題
商品力

考え方

店舗に対する売上の効率性
※店舗…保有なら有固、営利
　　　　賃貸なら営利
を考えようと思った

貸借対照表

（単位：百万円）

	D社	同業他社		D社	同業他社
〈資産の部〉			〈負債の部〉		
流動資産	535	617	流動負債	377	460
現金・預金	220	257	仕入債務	342	380
売上債権	20	25	短期借入金	10	50
棚卸資産	250	285	その他	25	30
その他	45	50	固定負債	128	199
固定資産	457	471	長期借入金	60	120
有形固定資産	357	365	社債	0	15
建物	86	99	リース債務	8	9
機械設備	120	115	退職給付引当金	60	55
リース資産	13	15	負債合計	505	659
土地	135	130	〈純資産の部〉		
その他	3	6	資本金	30	40
投資その他の資産	100	106	資本剰余金	30	39
敷金及び保証金	55	51	利益剰余金	427	350
その他	45	55	純資産合計	487	429
資産合計	992	1,088	負債・純資産合計	992	1,088

大きな特徴は読み取れず

総資産・総資本はD＜同

自己資本比率はD社良好

純資産はD＞同

損益計算書

（単位：百万円）

	D社	同業他社
売上高	1,545	1,716
売上原価	960	1,063
売上総利益	585	653
販売費及び一般管理費	556	570
営業利益	29	83
営業外収益	1	3
営業外費用	2	5
経常利益	28	81
特別損失	0	6
税引前当期純利益	28	75
法人税等	8	22
当期純利益	20	53

売上が少ないことに着目

費用構造は一見しただけではわかりにくい

考え方

B/S、P/L以外が与えられているので要チェック!!
解答に使う可能性が高いと判断→販管費なので素直にいくと営業利益率？

販売費及び一般管理費の明細

区分	D社 金額（百万円）	D社 構成比（％）	同業他社 金額（百万円）	同業他社 構成比（％）
広告宣伝費	45	8.1	40	7.0
運送費	30	5.4	33	5.8
従業員給料及び賞与	128	23.0	146	25.6
地代家賃	190	34.2	181	31.8
その他	163	29.3	170	29.8
合計	556	100	570	100

広告と家賃の構成比が高いことに着目しておく

まずは、問題要求をチェック!!

設問1

D社および同業他社の財務諸表を用いて経営分析を行い、同業他社と比較した場合において、D社が優れていると判断できる財務指標を1つ、課題となる財務指標を2つあげ、(a)欄に名称、(b)欄に算定した数値を、それぞれ記入せよ。なお、優れている指標については①の欄に、課題となる指標については②、③の欄に、それぞれ記入すること。また、数値については、(b)欄のカッコ内に単位を明記し、小数点第③位を四捨五入すること。

注意事項をチェック!!

設問2

D社の財政状態および経営成績について、同業他社と比較した場合の特徴を80字以内で述べよ。

設問2 の内容が **設問1** の指標選択とつながるようにする

〈検討〉

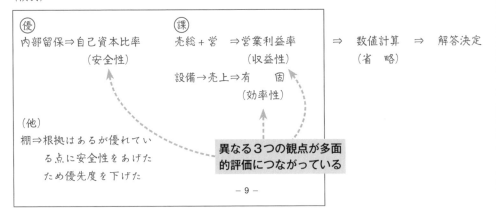

⇒　数値計算　⇒　解答決定
　　（省　略）

（優）
内部留保⇒自己資本比率
　　　　（安全性）

（課）
売総＋営　⇒営業利益率
　　　　（収益性）
設備→売上⇒有　固
　　　　（効率性）

異なる3つの観点が多面的評価につながっている

（他）
棚⇒根拠はあるが優れている点に安全性をあげたため優先度を下げた

－ 9 －

第2問

〈解答〉

設問1

	(a)	(b)
①	売上高経常利益率	3.49(%)
②	有形固定資産回転率	0.49(回)
③	負　債　比　率	363.43(%)

設問2

ス	ペ	イ	ン	バ	ル	の	閉	店	に	よ	り	、		売	上	獲	得	に	貢	献
し	て	い	な	い	遊	休	設	備	や	余	剰	人	員	を	保	有	し	て	い	
る	こ	と	、		お	よ	び	資	金	シ	ョ	ー	ト	を	回	避	す	る	た	め
に	借	入	を	行	っ	た	こ	と	。											

〈解説〉

【財務諸表を俯瞰する】

　財務諸表を俯瞰する段階では、特徴的な項目に着目する。

　貸借対照表を見ると、当期の総資産（総資本）は前期よりも増加している。内訳を確認すると、当期の流動資産が増加しており、固定資産は減少している。負債の部、純資産の部では、当期の負債合計および純資産合計はともに増加しているが、とくに負債（流動負債）の増加が大きいことに着目できる。

　損益計算書を見ると、当期の売上高は前期よりも減少しており、各段階の利益についても減少している。また、費用面では営業外費用の増加に着目できる。

設問1

　D社の前期と当期の財務諸表を比較して、D社の課題を示す財務指標のうち重要と思われるものを3つ抽出し、財務指標の値を計算することが問われている。

　D社の状況から問題点を把握し、その問題を解決するための課題を考えていく。

【D社の状況】

・3つのタイプの飲食店を展開していた。
（イタリア料理店、ピザ専門店、スペインバル）

・イタリア料理店は顧客から高い評価を受けており、ピザ専門店は安定した業績であるが、スペインバルの業績は悪かった。

【D社の問題点】

・当期の上半期にスペインバルを閉店した。

　→遊休有形固定資産および余剰人員を抱える状態である。

・追加的な借入を行った。

【D社の課題】

・遊休店舗について適切な店舗展開を行い、遊休有形固定資産および余剰人員を解消すること。また、これにより追加的な借入がなくても（返済しても）事業活動が回るようにすること。

〈課題として選択する財務指標候補〉

① 売上高経常利益率

② 有形固定資産回転率

③ 負債比率

財務指標の数値を計算して数値面からも課題を示す財務指標として適切かどうかを確認する。

財務指標	数値
①売上高経常利益率 （前期＞当期）	前期：9,153÷124,500×100＝7.351…≒7.35（％）
	当期：3,905÷112,000×100＝3.486…≒3.49（％）
②有形固定資産回転率 （前期＞当期）	前期：124,500÷236,740＝0.525…≒0.53（回）
	当期：112,000÷227,000＝0.493…≒0.49（回）
③負債比率 （前期＜当期）	前期：197,300÷62,000×100＝318.225…≒318.23（％）
	当期：235,500÷64,800×100＝363.425…≒363.43（％）

数値面から検討しても、それぞれの財務指標が課題を示していると判断できる。

【参考】代表的な財務指標および財務指標値

	財務指標	比較	前期	当期
収益性	総資本経常利益率	×	3.53%	1.30%
	売上高総利益率	○	69.52%	72.77%
	売上高売上原価比率	○	30.48%	27.23%
	売上高営業利益率	○	11.69%	11.96%
	売上高販管費比率	×	57.83%	60.80%
	売上高経常利益率	×	7.35%	3.49%
	売上高営業外費用比率	×	4.34%	8.48%
効率性	総資本回転率	×	0.48回	0.37回
	棚卸資産回転率	×	95.77回	93.33回
	有形固定資産回転率	×	0.53回	0.49回
安全性	流動比率	○	101.35%	101.94%
	当座比率	○	92.02%	99.40%
	固定比率	○	386.68%	358.02%
	固定長期適合率	○	99.89%	99.44%
	自己資本比率	×	23.91%	21.58%
	負債比率	×	318.23%	363.43%

（○：前期より向上している、×：前期より悪化している）

設問2

設問1 で取り上げた課題が生じた原因が問われている。

設問1 で見たとおり、当期の上半期まで営業を行っていたスペインバルの業績が悪く、当期の上半期にこの店舗を閉店している。これに伴い、この店舗は遊休化しており、また従業員は他店舗に再配置されているため余剰人員を抱えている状態であると考えられる。このため、売上に対する費用負担が増し、また資産効率性も低下している。さらに、これらに対応するために（資金ショートを回避するために）借入を行っており、安全性が低下している。

解答にあたっては、上記の内容を70字以内にまとめて記述する。

土地・建物に対する売上を
チェックしたい

理解度チェック □□□

　　D社は、資本金3,000万円、従業員30名のレストランである。同社は、好適地を取得し、そこに
店舗を建設する出店方法を採用している。

　　D社は、欧州での修行経験のある経営者が、イタリアの郷土料理に特化したレストランを10年前
に開店し、事業を開始した。その後、このタイプのイタリア料理店をさらに2店舗開店させた。イ
タリア料理店は、落ち着いた雰囲気の中で本格的な料理を味わえるレストランとして、顧客から高
い評価を受けている。

——商品・サービス力

　　イタリア料理店はその店舗コンセプトより、顧客の滞在時間は長い。一方で、比較的短時間で食
事を済ませたいニーズを満たすために、創業から5年後に、ピザ専門店を開店させた。このピザ専
門店は、開店から一定の水準の業績が続いている。

前→当のこと
ではない

　　D社は、食堂とバーが一緒になったような飲食店、いわゆるバルに目を付け、3年前にスペイン
バルを開店させた。同店の特徴は、スペイン料理のタパス料理のエッセンスを取り入れ、どの料理
も均一価格で手頃に楽しめることであった。この店舗は高い回転率により利益を獲得していく計画
であったが、想定した客数を獲得することができず、開店から赤字が続いていた。そこで、D社で
は当期の上半期にこのスペインバルを閉店している。なお、当店舗に係る建物や土地などは現在遊
休化している。また、この店舗に従事していた従業員はイタリア料理店とピザ専門店に配置してお
り、資金ショートを回避するために、当期において追加的な借入を行っている。

前→当のこと
問題点
有固の遊休化

問題点
・負債依存
・利息負担

　　このような状況に対し、D社では現状の事業内容を分析し、適切な店舗展開を行っていきたいと
考えている。具体的には、閉店したスペインバルをイタリア料理店もしくはピザ専門店として新た
に開店させようとしている。

　　D社の前期および当期の財務諸表は以下のとおりである。

問題点
コスト負担を回避できていない

課題
店舗展開の適正化

貸借対照表

（単位：千円）

	前期	当期		前期	当期
〈資産の部〉 増加			〈負債の部〉		
流動資産	19,560	68,300	流動負債	19,300	67,000
現金及び預金	17,760	66,600	仕入債務	1,500	1,400
たな卸資産	1,300	1,200	短期借入金	－	50,000
その他の流動資産 減少	500	500	一年以内返済長期借入金	10,000	10,000
固定資産	239,740	232,000	その他の流動負債	7,800	5,600
有形固定資産	236,740	227,000	固定負債	178,000	168,500
建物	95,500	92,500	長期借入金	170,000	160,000
土地	90,000	90,000	その他の固定負債	8,000	8,500
その他の有形固定資産	51,240	44,500	負債合計	197,300	235,500
投資その他の資産	3,000	5,000	〈純資産の部〉		
			資本金	30,000	30,000
			資本剰余金 微増	10,000	10,000
			利益剰余金	22,000	24,800
			純資産合計	62,000	64,800
資産合計	259,300	300,300	負債・純資産合計	259,300	300,300

増加 返済 増加

返済以上に借入を行ったと推測

増加 増加

損益計算書

（単位：千円）

	前期	当期
売上高	124,500	112,000
売上原価	37,950	30,500
売上総利益	86,550	81,500
販売費及び一般管理費	72,000	68,100
営業利益	14,550	13,400
営業外収益	3	5
営業外費用	5,400	9,500
経常利益	9,153	3,905
特別損益	0	0
税引前当期純利益	9,153	3,905
法人税等	2,703	1,105
当期純利益	6,450	2,800

売上が減少していることに着目

売上が減少しているにもかかわらず、費用額が増えている（負担が増加）→経常利益率

設問1

　D社の前期および当期の財務諸表を用いて経営分析を行い、前期と比較した場合のD社の課題を示す財務指標のうち重要と思われるものを3つ取り上げ、それぞれについて、名称を(a)欄に、当期の財務諸表をもとに計算した財務指標の値を(b)欄に記入せよ。なお、(b)欄の値については、小数点第3位を四捨五入し、カッコ内に単位を明記すること。

設問2

設問1で取り上げた課題が生じた原因を70字以内で述べよ。

課題と原因がつながる
ように解答する

〈検討〉

```
(収益性)
売上に対して
 ・販管費
 ・支払利息 } 負担増 ⇒ 経常利益率

(効率性)
遊休店舗 ──→ 売上 ⇒ 有固
       適正化
                    数値計算
                    してみる
(安全性)
      ┌→ 短期:流資
短借増 ┤      当資 } 増 ⇒ 問題なし
      └→ 資本:負債増   ⇒ 問題あり
              ∴ 負債比率
```

⇒　数値計算　⇒　解答決定
　（省　略）

【補足】同業他社比較と期間比較の違い

　同業他社比較と期間比較では分析する観点が多少異なる。期間比較であれば、売上高が低下している設定や利益が低下している設定が多く、総資産の変動はさほどない。

　一方、同業他社比較であれば、D社と同業他社が同じ売上規模でありながら、総資産が大きく異なる設定が与えられる可能性がある。あるいは、総資産がほぼ同額である場合には、有形固定資産が大きく異なる設定もあり得る。つまり、資産効率性（財務指標でいえば「総資本回転率」や「有形固定資産回転率」）に着目することができる。

　なお、同業他社比較の場合には、各科目の大小関係で判断することになる。しかし、各科目の差が目立つことが少なく、大枠で把握することが難しい場合もある。そのような場合には、代表的な財務指標値を計算したうえで判断するしかない。

（単位：百万円）

★D社と同業他社の売上高が同規模の場合、資産総額の差異に着目する

	D社	同業他社		D社	同業他社
資産の部			負債の部		
流動資産	XXX	XXX	流動負債	XXX	XXX
			固定負債	XXX	XXX
固定資産	XXX	XXX	負債合計	XXX	XXX
			純資産の部		
			純資産合計	XXX	XXX
資産合計	500	200	負債・純資産合計	500	200

★逆に、D社と同業他社の資産総額が同規模であっても、売上高に差異があれば、効率性に着目できる

　また、売上高、総資産額ともに差がある場合もある。その場合は、損益計算書であれば利益に、貸借対照表であれば売上債権や棚卸資産、有形固定資産などの事業用資産に着目する。

過去問にチャレンジ！

令和2年 第1問

〈解答〉

設問1

		(a)	(b)
①	棚卸資産回転率		3.91（回）
②	売上高経常利益率		1.65（％）
	負債比率		532.24（％）

設問2

顧	客	の	評	判	が	高	い	た	め	棚	卸	資	産	の	販	売	速	度	が
速	く	効	率	性	は	高	い	が	、	顧	客	対	応	の	費	用	負	担	や
借	入	・	利	息	負	担	が	重	く	収	益	性	、	安	全	性	は	低	い 。

〈解説〉

【財務諸表を俯瞰する】

　D社と同業他社の当期の財務諸表が与えられている。

　貸借対照表を俯瞰すると、D社の資産合計は同業他社よりもやや多い。資産の細目を見ると流動資産では、D社のほうが現金及び預金と売上債権は少なく、販売用不動産（棚卸資産）はほぼ同値である。一方で、有形固定資産はD社のほうが多く、特に建物・構築物に差がある。負債・純資産を見ると、D社のほうが負債は多く、純資産は少ない。負債の細目を見ると、流動負債、固定負債ともに多く、短期借入金や社債・長期借入金に差がある。純資産の細目を見ると、利益剰余金が少ない。

　損益計算書を俯瞰すると、D社の売上高は同業他社よりも多い。しかし、営業利益以降の各利益はD社の方が少なくなっている。

　設問1では、同業他社と比較した場合のD社の財務指標のうち優れていると思われるものを1つ、劣っていると思われるものを2つ取り上げることが問われており、**設問2**では、D社の当期の財政状態および経営成績について、同業他社と比較した場合の特徴が問われている。D社の優れていると思われる点と劣っていると思われる点を財務指標（定量的分析）と記述（定性的分析）により解答することになるため、**設問1**と**設問2**を同時に検討するとよい。

設問1

　問題本文、財務諸表の数値（財務指標）から根拠を探す。

・優れていると思われるもの
　問題本文より読み取る。
　「顧客志向を徹底しており、他社の一般的な条件よりも、多頻度、長期間にわたって引き渡し後

のアフターケアを提供している（第2段落）」

　「このような経営方針を持つ同社は、顧客を大切にする、地域に根差した企業として評判が高く、これまでに約2,000棟の販売実績がある（第2段落）」

　「同社は、これを事業の拡大を図る機会ととらえ、これまで構築してきた顧客との優良な関係を背景に、リフォーム事業の拡充を検討している（第5段落）」

→顧客志向の徹底により、顧客からの高い評判を獲得していることが確かな販売実績（高い販売力）につながっていると読み取れる。

・劣っていると思われるもの
　問題本文より読み取る。

　「顧客志向を徹底しており、他社の一般的な条件よりも、多頻度、長期間にわたって引き渡し後のアフターケアを提供している（第2段落）」

　「一方、丁寧な顧客対応のための費用負担が重いことも事実であり、顧客対応の適正水準について模索を続けている（第2段落）」

→顧客志向の徹底により、営業費用の負担が重いと読み取れる。

　また、財務諸表の数値（貸借対照表の負債、損益計算書の営業外費用など）より、負債依存度の高い資金調達が行われており、それに伴うコスト負担も大きいと読み取れる。

・財務諸表の数値
　代表的な数値を計算すると次のようになる。

	財務指標	D社	同業他社	比較
収益性	総資本経常利益率	1.95%	4.49%	×
	売上高総利益率	26.39%	16.32%	○
	売上高売上原価比率	73.61%	83.68%	○
	売上高営業利益率	2.15%	3.95%	×
	売上高販管費比率	24.24%	12.37%	×
	売上高経常利益率	1.65%	4.53%	×
	売上高営業外費用比率	1.16%	0.17%	×
効率性	総資本回転率	1.18回	0.99回	○
	売上債権回転率	126.53回	28.66回	○
	棚卸資産回転率	3.91回	2.99回	○
	有形固定資産回転率	5.30回	13.6回	×
安全性	流動比率	110.64%	290.36%	×
	当座比率	28.74%	127.60%	×
	固定比率	161.84%	16.92%	×
	固定長期適合率	78.16%	16.12%	×
	自己資本比率	15.82%	66.12%	×
	負債比率	532.24%	51.23%	×

（○：同業他社より優れている、×：同業他社より劣っている）

以上をもとに解答の選択をしていく。

・優れていると思われる財務諸表

　顧客志向の徹底により、顧客からの高い評判を獲得していることが確かな販売実績（高い販売力）につながっていると読み取れる。また、財務諸表に着目すると棚卸資産の販売速度が早いため、同業他社と同規模の棚卸資産でもより多い売上高を獲得できていると読み取れる。

　以上より、優れていると思われる指標は、効率性の観点から「棚卸資産回転率」を選択する。

・劣っていると思われる財務指標

　顧客志向の徹底により、顧客からの高い評判を獲得していることで、付加価値が高い商品（販売用不動産）を高値で販売できているために、売上総利益ベースの利益率が良いと判断される。ただし、これを獲得するために、営業費用の負担が重くなっており、営業利益以降の利益率は悪い。また、負債依存度の高い資金調達が行われており、それに伴うコスト負担も大きい。

　以上より、劣っていると思われる財務指標は、収益性の観点から「売上高経常利益率」、安全性の観点から「負債比率」を選択する。

　財務指標の数値は次のようになる。

・優れていると思われる財務指標
　① 棚卸資産回転率：$4{,}555 \div 1{,}165 = 3.909 \cdots \doteqdot \underline{3.91（回）}$

・劣っていると思われる財務指標
　② 売上高経常利益率：$75 \div 4{,}555 \times 100 = 1.646 \cdots \doteqdot \underline{1.65（\%）}$
　　　負債比率：$3{,}236 \div 608 \times 100 = 532.236 \cdots \doteqdot \underline{532.24（\%）}$

【補足】その他の財務指標についての考察

●優れていると思われる指標として「売上高総利益率」

　前述のとおりD社の売上総利益ベースの利益率（売上高総利益率）は高い。ただし、これを獲得するために丁寧な顧客対応を行っており、この費用負担は重い。売上総利益を獲得するために、販管費などを多くかけているという対応関係から考えると、売上高総利益率の高さをもって収益性の高さを指摘できるかは判断に迷う。よって、解答としての優先度を下げている。

●劣っていると思われる指標として「有形固定資産回転率」

　有形固定資産回転率の悪さを指摘する場合には、建物・構築物やその他の有形固定資産の資産効率を指摘することになり、これは飲食事業もしくはその他事業（駐車場）の効率性の低さを指摘することになると考えられる。しかし、あとの問題（第4問）より、これらの事業の売上割合はD社全体の5％に満たないものなので、ここの低さ（および改善）をD社の特徴として優先するかは判断に迷う。よって、解答の優先度を下げている。

●劣っていると思われる指標として「自己資本比率」

　利益剰余金が少なく、この観点から資本調達構造が劣っていることを指摘しても妥当であると判断する。

●劣っていると思われる指標として「当座比率」

　当座比率の数値は低く妥当性はある。ただし、流動比率は100％を超えており、かつD社は高い販売力を有しており、債権回収も速いため販売用不動産を同業他社よりも現金化しやすいと考える事ができ、短期安全性を優先するかは判断に迷う。よって、解答の優先度を下げている。

設問2

　設問1の解答を踏まえ、収益性、効率性、安全性の観点から解答を構成する。解答例では、優れていると思われる点として、顧客の評判が高いため棚卸資産の販売速度は速く効率性が高いことを、劣っていると思われる点として、顧客対応の費用負担や借入・利息負担が重く収益性、安全性が低い点を記述している。

【補足】解答のまとめ方

　（制限字数にもよるが）解答上「収益性」「効率性」「安全性」というキーワードを盛り込むと、どの観点を指摘しているかがわかりやすくなる。たとえば、長所・短所（あるいは問題点）を指摘する場合は、

・長所は、○○○であるため（原因）、○○性が高い（結果）。

・短所（あるいは問題点）は、○○○であるため（原因）、○○性が低い（結果）。

となる。ただし、たとえば当座比率（安全性）を指摘した場合に、「収益性が低い」と解答するのは誤りであるため、解答の際には留意する必要がある。

　また、期間比較の場合は、「△△のため収益性が低下している」（変化の説明）、他社比較・単年度比較の場合は、「△△のため収益性が低い」（状態の説明）と表現するのがよい。

　ただし、短い字数に制限されている場合には○○性が高いなどの記述を優先する必要はない。

過去問にチャレンジ！

令和2年　第1問　　　　　　　　　　　　　　　理解度チェック ☐☐☐

【注意事項】
　新型コロナウイルス感染症（COVID-19）とその影響は考慮する必要はない。

　D社は、約40年前に個人事業として創業され、現在は資本金3,000万円、従業員数106名の企業である。連結対象となる子会社はない。　*売上↑費用↑となる？*

　同社の主な事業は戸建住宅事業であり、注文住宅の企画、設計、販売を手掛けている。顧客志向を徹底しており、他社の一般的な条件よりも、多頻度、長期間にわたって引き渡し後のアフターケアを提供している。さらに、販売した物件において引き渡し後に問題が生じた際、迅速に駆け付けたいという経営者の思いから、商圏を本社のある県とその周辺の3県に限定している。*やはり売上↑* このような経営方針を持つ同社は、顧客を大切にする、地域に根差した企業として評判が高く、これまでに約2,000棟の販売実績がある。一方、丁寧な顧客対応のための費用負担が重いことも事実であり、顧客対応の適正水準について模索を続けている。*やはり費用↑*

　地元に恩義を感じる経営者は、「住」だけではなく「食」の面からも地域を支えたいと考え、約6年前から飲食事業を営んでいる。地元の食材を扱うことを基本として、懐石料理店2店舗と、魚介を中心に提供する和食店1店舗を運営している。さらに、今後1年の間に、2店舗目の和食店を新規開店させる計画をしている。このほか、ステーキ店1店舗と、ファミリー向けのレストラン1店舗を運営している。これら2店舗については、いずれも当期の営業利益がマイナスである。特に、ステーキ店については、前期から2期連続で営業利益がマイナスとなったことから、業態転換や即時閉店も含めて対応策を検討している。*劣っている*

　戸建住宅事業および飲食事業については、それぞれ担当取締役がおり、取締役の業績は各事業セグメントの当期ROI（投下資本営業利益率）によって評価されている。なお、ROIの算定に用いる各事業セグメントの投下資本として、各セグメントに帰属する期末資産の金額を用いている。

　以上の戸建住宅事業および飲食事業のほか、将来の飲食店出店のために購入した土地のうち現時点では具体的な出店計画のない土地を駐車場として賃貸している。*土地→売上効率性* また、同社が販売した戸建住宅の購入者を対象にしたリフォーム事業も手掛けている。リフォーム事業については、高齢化の進行とともに、バリアフリー化を主とするリフォームの依頼が増えている。同社は、これを事業の拡大を図る機会ととらえ、これまで構築してきた顧客との優良な関係を背景に、リフォーム事業の拡充を検討している。*優れている*

　D社および同業他社の当期の財務諸表は以下のとおりである。

考え方
経営分析とは関係ないが、他の問題で使う可能性もあるので忘れずチェック

貸借対照表
（20X2年3月31日現在）

（単位：百万円）

	D社	同業他社		D社	同業他社
〈資産の部〉		D＜同	〈負債の部〉		
流動資産	2,860	3,104	流動負債	2,585	1,069
現金及び預金	707	1,243	仕入債務	382	284
売上債権	36	121	短期借入金	1,249	557
販売用不動産　ほぼ同じ	1,165	1,159	その他の流動負債	954	228
その他の流動資産	952	581	固定負債	651	115
固定資産	984	391	社債・長期借入金	561	18
有形固定資産	860	255	その他の固定負債	90	97
建物・構築物	622	129	負債合計	3,236	1,184
機械及び装置	19	—	〈純資産の部〉		
土地	87	110	資本金	30	373
その他の有形固定資産	132	16	資本剰余金	480	298
無形固定資産	11	17	利益剰余金	98	1,640
投資その他の資産	113	119	純資産合計	608	2,311
資産合計	3,844	3,495	負債・純資産合計	3,844	3,495

D＞同

D＞同

D＜同

D＞同

損益計算書
（20X1年4月1日～20X2年3月31日）

（単位：百万円）

	D社	同業他社
売上高	4,555	3,468
売上原価	3,353	2,902
売上総利益	1,202	566
販売費及び一般管理費	1,104　負担多	429
営業利益	98	137
営業外収益	30	26
営業外費用	53　負担多	6
経常利益	75	157
特別利益	—	—
特別損失	67	4
税金等調整前当期純利益	8	153
法人税等	△27	67
当期純利益	35	86

売上高は
D＞同

収益性が劣っている

営利、経利は
D＜同

まずは、問題要求
をチェック

設問1

　D社および同業他社の当期の財務諸表を用いて比率分析を行い、同業他社と比較した場合のD社の財務指標のうち、①優れていると思われるものを1つ、②劣っていると思われるものを2つ取り上げ、それぞれについて、名称を(a)欄に、計算した値を(b)欄に記入せよ。(b)欄については、最も適切と思われる単位をカッコ内に明記するとともに、小数点第3位を四捨五入した数値を示すこと。

注意事項をチェック

設問2

　D社の当期の財政状態および経営成績について、同業他社と比較した場合の特徴を60字以内で述べよ。

設問2 の内容が 設問1 の指標選択とつながるようにする

〈検討〉

⇒　数値計算　⇒　解答決定
　　（省　略）

優
「顧客志向→売上」
これを表現するには…販売速度で棚？（効率性）
劣
・費用・負担（販管、営業外）｜・経常利益率（収益性）
・借入依存　　　　　　　　　→・負債比率（安全性）
※その他の検討については解説参照

多面的

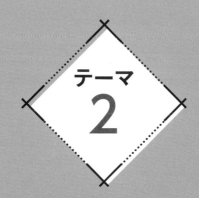

テーマ
2

CVP分析

解答・解説

第1問

〈解答〉

損益分岐点営業量	**1,600**（個）
損益分岐点比率	**80**（％）

〈解説〉

損益分岐点営業量は「固定費 ÷ 1個当たりの限界利益」で計算することができる。

1個当たりの限界利益：$1,000 - 800 = 200$

損益分岐点営業量：$320,000 ÷ 200 = \underline{1,600}$（個）

損益分岐点比率は「損益分岐点営業量 ÷ 営業量」で計算することができる。

損益分岐点比率：$1,600 ÷ 2,000 × 100 = \underline{80}$（％）

第2問

〈解答〉

損益分岐点売上高	**800,000**（円）
安 全 余 裕 率	**20**（％）

〈解説〉

損益分岐点売上高をSとすれば（変動費率 ＝ 4/10）、

$S - aS - FC = P$（売上高 － 変動費率 × 売上高 － 固定費 ＝ 利益）より、

$S - 4/10S - 480,000 = 0$

となる。

$S - 4/10S = 480,000$

$6/10S = 480,000$

∴　$S = 480,000 × 10/6 = \underline{800,000}$（円）

安全余裕率は「（売上高 － 損益分岐点売上高）÷ 売上高」もしくは「1 － 損益分岐点比率」により計算することができる。

安全余裕率：$(1,000,000 - 800,000) ÷ 1,000,000 = 0.2（\underline{20}％）$

もしくは

$1 - (800,000 ÷ 1,000,000) = 0.2（\underline{20}％）$

第3問

〈解答〉

22,500（万円）

〈解説〉

目標とする売上高の計算に関する問題である。$S - aS - FC = P$ の計算式を用いて、目標とする売上高を計算する。題意より、変動費率と固定費が計算できる。

変動費：$(12,500 + 4,000) - 4,500 = 12,000$

変動費率：$12,000 \div 20,000 = 0.6$

固定費：営業費用までの固定費に営業外損益を修正して、経常利益ベースにする

$4,500 + 700 - 200 = 5,000$（営業外損益の固定費修正）

よって、$S - aS - FC = P$ より、

$S - 0.6S - 5,000 = 4,000$

$0.4S = 9,000$

$\therefore \quad S = \underline{22,500}$（万円）

第4問

〈解答〉

60（万円）

〈解説〉

固定費の削減額に関する問題である。目標とする損益分岐点比率80％のときの損益分岐点売上高を計算する。目標とする損益分岐点売上高は、

損益分岐点比率80％ ＝ 目標とする損益分岐点売上高 ÷ 売上高

＝ 目標とする損益分岐点売上高 ÷ 1,000

より、目標とする損益分岐点売上高 ＝ $1,000 \times 0.8 = 800$

このときの、固定費を計算すれば（変動費率＝6/10）、

$800 - 6/10 \times 800 - FC = 0$

$(1 - 6/10) \times 800 - FC = 0$

$FC = 320$（万円）

したがって、現状の固定費380から320を差し引き、固定費の削減額＝$\underline{60（万円）}$を求めることができる。

〈解答〉

①	600（千円）
②	1,000（千円）

〈解説〉

感度分析に関する問題である。

① 販売量が10％増加したときの営業利益

$(6,000 - 4,000) \times 1.1 - 1,600 = \underline{600}$ （千円）

※販売数量の変動は売上高・変動費に対し影響がある点に注意する。

② 販売価格を10％値上げしたときの営業利益

$6,000 \times 1.1 - 4,000 - 1,600 = \underline{1,000}$ （千円）

※販売価格の変動は売上高に対し影響がある点に注意する。

第6問

〈解答〉

設問1　　285,000（千円）

設問2　　50,000（千円）

〈解説〉

設問1

次期の目標営業利益を達成するために必要な売上高が問われている。「S＝aS＋FC＋P」の基本計算式を用いて確実に処理したい問題である。

(1) 変動費率（a）

当期の損益計算書の変動費と売上高より、変動費率を計算する（次期においても条件が一定のため、当期と次期の変動費率は同じである）。

変動費率（a）：$a = 96,000 \div 240,000 = 0.4$ （40％）

(2) 目標営業利益を達成するために必要な売上高

「S＝aS＋FC＋P」を用いて計算する

目標売上高（S）：$S = 0.4S + 104,000 + 67,000$

$0.6S = 171,000$

$S = \underline{285,000}$ （千円）

設問2

　感度分析が問われている。固定費・販売価格・販売数量の変化による次期の予想営業利益が求められている。なお、1単位当たりの変動費が一定であるのに対して、販売価格が変化するため、設問1で計算した変動費率は使えないことに注意する（変動費率は設問1で求めた40％から変化する）。

(1)　売上高

　　　変化後の販売価格および販売数量より、予想売上高を計算する。

　　　売上高（S）：$180 \times 1,500 = 270,000$

(2)　変動費

　　　変化後の販売数量より、予想変動費を計算する。

　　　変動費（VC）：$80 \times 1,500 = 120,000$

(3)　固定費

　　　固定費の削減より、予想固定費を計算する。

　　　固定費（FC）：$104,000 - 4,000 = 100,000$

(4)　予想営業利益

　　　「$S - VC - FC = P$」より、予想営業利益を計算する。

　　　予想営業利益（P）：$P = 270,000 - 120,000 - 100,000$

　　　　　　　　　　　　　$= 50,000$（千円）

第7問

〈解答〉

設問1

(a)	60（%）	(b)	154（百万円）

設問2

(a)	385（百万円）	(b)	10（百万円）

〈解説〉

設問1

　本問は、2期間の変動費率と固定費が一定であることから、X1年度とX2年度の方程式を立て、連立させることで計算する。

　$S - aS - FC = P$より、

　X1年度の方程式：$400 - 400 \times a - FC = 6$　……　①

　X2年度の方程式：$360 - 360 \times a - FC = -10$　……　②

となる。

　よって、①－②より

　$40 - 40 \times a = 16$

　∴　$a = 24 \div 40 = 0.6$　→　60（%）…（a）

　求めたaを①に代入すれば、

　$400 - 400 \times 0.6 - FC = 6$

　∴　$FC = 154$（百万円）…（b）

となる。

(a)で求める営業利益の赤字幅を0にするのに必要な売上高とは、損益分岐点売上高のことを意味している。

S－aS－FC＝Pより、

設問1 で求めた変動費率、固定費を代入すると、

S－0.6S－154＝0

∴　S＝385（百万円）…(a)

となる。

(b)では、売上高を360百万円、変動費率を60％のままとして、営業利益を0にする固定費を求める必要がある。固定費をFCとして、この関係を表すと次のとおりとなる。

算式①：売上高－変動費－固定費＝利益

360－360×0.6－FC＝0

∴　FC＝144（百万円）

よって、上記の値と現在の固定費の値（154百万円）から削減すべき固定費の金額が求められる。

削減すべき固定費の金額＝154－144＝10（百万円）…(b)

応 用 問 題

第1問

〈解答〉

設問1　96（%）

設問2　△84.6（百万円）

〈解説〉

設問1

当年度の財務諸表および問題文よりCVP関係を把握して損益分岐点比率を計算する。

- D社の当年度の変動費：$(5,700 - 2,500) + (1,644 - 1,244) = 3,600$
- D社の当年度の変動費率：$3,600 \div 7,500 = 0.48$
- D社の当年度の固定費：$2,500 + 1,244 = 3,744$
- D社の当年度の損益分岐点売上高：$S - 0.48S - 3,744 = 0$　∴$S = 7,200$
- D社の当年度の損益分岐点比率：$7,200 \div 7,500 \times 100 = \underline{96}$　（%）

設問2

当年度の損益計算書および問題文に示されている損益予測より、予想損益計算書を作成する。

(1) 売上高

来年度の販売数量と販売単価の変化予測から売上高を計算する。

- 当年度のX製品の売上高：$7,500 \times 0.6 = 4,500$
- 来年度のX製品の売上高：$4,500 \times (1 - 0.04) \times (1 - 0.05) = 4,104$（百万円）

(2) 変動費

来年度の販売数量の変化予測から変動費を計算する。

- 当年度のX製品の変動費：$3,600 \times 0.6 = 2,160$
- 来年度のX製品の変動費：$2,160 \times 0.96 = 2,073.6$

(3) 固定費

来年度の製造固定費と固定販売費・一般管理費の変化予測から固定費を計算する。

- 来年度のX製品固定売上原価：$1,500 \times (1 - 0.05) = 1,425$
- 来年度のX製品固定販売費・一般管理費：$746.4 - 56.4 = 690$
- 来年度のX製品の固定費：$1,425 + 690 = 2,115$

(4) 営業利益

「売上高 − 変動費 − 固定費」より計算する。

- 営業利益：$4,104 - 2,073.6 - 2,115 = \underline{△84.6}$（百万円）

講師の解き方

応用問題

第1問

理解度チェック □□□

次の損益計算書は、D社の当年度のものである。

単位をチェック

㊜全体

売上　7,500　（7,344 － 3,744）

変　　3,600　（α：0.48）

固　　3,744　← 電卓で先に計算

BEPS　7,500 － 0.48S － 3,744
∴BEPS→7,200

BEP率　$\frac{7,200}{7,500}$ = 0.96　（96％）

損益計算書
（単位：百万円）

売上高	7,500
売上原価	5,700
売上総利益　7,344	1,800
販売費・一般管理費	1,644
営業利益	156
営業外収益	5
営業外費用	81
経常利益	80
法人税等	24
当期純利益	56

㊜X

売上　4,500×0.96×0.95

変　　2,160×0.96

固（売原）　1,500×0.95

（販）　746.4 － 56.4

利

㊥X

4,104

2,073.6

1,425

690

△84.6（百万円）

　D社は全社的な不確実性リスクを把握した上で、他製品に先駆けて主力製品Xの損益状況を精査し、コスト削減を図っていくこととした。

　当年度のX製品に関する損益は、D社全体損益の⑥割相当である。また、当年度の損益計算書における売上原価のうち2,500百万円（X製品に関する部分は1,500百万円）、販売費・一般管理費のうち1,244百万円（X製品に関する部分は746.4百万円）は固定費である。

　来年度のX製品に関する損益予測は、厳しい受注環境から販売数量が4％減少し、販売単価が5％減少する見込みである。また、製造固定費は5％減少し、固定販売費・一般管理費は56.4百万円減少する見込みである。なお、上記以外は当年度から変わらないものと仮定する。

設問1

当年度におけるD社の営業利益をベースとした損益分岐点比率を計算せよ。

設問2

上記の情報をもとにX製品に係る来年度の予測営業利益を計算せよ。なお、金額がマイナスになる場合は金額の前に△を付すこと。

考え方
計算過程と結果がわかりにくくならないように工夫しようと考えた

考え方
何に影響を与えるかをメモした

考え方
当年度のD社全体のCVP関係を把握する必要があると読み取った

考え方
メモとして上のようなものを作成することを決めた

考え方
当年度と来年度のX製品に係るCVP関係を把握する必要があると読み取った

〈解答〉

設問1

100ロット/月の場合	12,000,000	（円）
200ロット/月の場合	16,800,000	（円）
300ロット/月の場合	14,400,000	（円）

設問2

3,274	（個）

〈解説〉

設問1

　L社との3つの取引パターンについての予想営業利益の計算が問われている。

　「（1ロット当たりの販売価格－1ロット当たりの変動費）×販売量－固定費」よりそれぞれの営業利益を計算すると以下のとおりである。なお、300ロットの場合には固定費が追加的に発生することに注意する。

	増加する営業利益
100ロット/月の場合	（35千円－25千円）×100×12月＝12,000,000（円）
200ロット/月の場合	（32千円－25千円）×200×12月＝16,800,000（円）
300ロット/月の場合	（31千円－25千円）×300×12月－60万円×12月 ＝14,400,000（円）

設問2

　既存部品乙1個当たりの限界利益額：20,000×（1－0.58）＝8,400（円）

・生産量0個～1,500個の場合の損益分岐点販売量

　　20,000,000÷8,400＝2,380.9…（個）　∴上記の生産量の範囲外であるので不適解

・生産量1,501個～2,000個の場合の損益分岐点販売量

　　22,500,000÷8,400≒2,678.5…（個）　∴上記の生産量の範囲外であるので不適解

・生産量2,001個～2,500個の場合の損益分岐点販売量

　　24,200,000÷8,400≒2,880.9…（個）　∴上記の生産量の範囲外であるので不適解

・生産量2,501個～3,000個の場合の損益分岐点販売量

　　26,000,000÷8,400≒3,095.2…（個）　∴上記の生産量の範囲外であるので不適解

・生産量3,001個～3,500個の場合の損益分岐点販売量

　　27,500,000÷8,400≒3,273.8…（個）　∴上記の生産量の範囲内であるので適解

　　　　　　　　　　　　　　→3,274（個）

　なお、生産量3,501個～4,000個の場合の損益分岐点販売量は3,452.3…個（29,000,000÷8,400）であるため、3,274個以上という解答で問題ないことが確認できる。

　設問2においては、損益分岐点分析を行ううえで、操業度（本設問では生産量になる）に応じて段階的に発生額が変化する固定費の扱いに注意する必要がある。操業度に応じて段階的に発生額が

変化する固定費は準固定費ともよばれ、固定給である監督者の給料等が該当する。ある一定の操業度を超えると、監督者にとって工程管理の負担が高まるため、監督者を増員させることで対応する場合などが具体例としてあげられる。

第2問　　　　　　　　　　　　　　　　　　　　　　理解度チェック □□□

　D社のX事業部では、新規取引先の候補であるL社およびM社と次のような取引を打ち合わせ中である。以下の設問に答えよ。

設問1

　L社には既存製品甲を販売する予定である。月間の販売数は(100ロット)、(200ロット)、(300ロット)の3つのパターンが提案されており、それぞれの場合の販売価格を以下のとおり取り決めた。

　ただし、L社に対する製品甲の月間の生産量が200ロットを超過した段階で、既存の生産体制
　　　　　　　　　　　　　　　　　　　　　　　　　　つまり300ロットの時
では生産能力が追いつかず、生産設備のリース料（オペレーティングリースに該当し賃貸借処理
　　　　　600,000円
される）が月間60万円生じることになる見込みである。また、どの場合においても1ロット当た
　　　　　　25,000円(VC)
りの変動費は25千円で一定である。期首・期末の在庫については保有しないものとして、納品数
量についてそれぞれの場合の増加する年間の予想営業利益を計算せよ（単位：円）。　← **単位をチェック**

問題要求をチェック ↑　　　　↑ **資料は月間であることに注意**

	1ロット当たりの販売単価
100ロット/月の場合	35千円 35,000円
200ロット/月の場合	32千円 32,000円
300ロット/月の場合	31千円 31,000円

```
100：(35,000 - 25,000) × 100 × 12 =   12,000,000円
200：(32,000 - 25,000) × 200 × 12 =   16,800,000円
300：(31,000 - 25,000) × 300 × 12 =   21,600,000円（電卓M＋（メモリープラス））
              600,000 × 12 = △  7,200,000円（電卓M－（メモリーマイナス））
                             14,400,000円
```

設問2

　M社には、既存製品乙を販売する予定である。この製品乙を生産するためには追加的な固定費の支出が段階的に必要になる。M社への販売において何個以上を販売すれば損益分岐点を超えるか計算せよ。なお、計算の結果、端数が生じた場合は小数点第1位を切り上げること。

端数処理をチェック

販売価格	20,000円/個
変動費率	58%

限界利益@8,400円

固定　費		年当たり
生産量	0個～1,500個	20,000,000円 2,000万円
生産量	1,501個～2,000個	22,500,000円 2,250万円
生産量	2,001個～2,500個	24,200,000円 2,420万円
生産量	2,501個～3,000個	26,000,000円 2,600万円
生産量	3,001個～3,500個	27,500,000円 2,750万円
生産量	3,501個～4,000個	29,000,000円 2,900万円

÷8,400円

	BEP数量	判定
	= 2,380.9 …	×
	= 2,678.5 …	×
	= 2,880.9 …	×
	= 3,095.2 …	×
	= 3,273.8 …	○
	= 3,452.3 …	

考え方

限界利益×x個＞FCより計算すると考えた

〈解答〉

(a)	412,500（円）
(b)	中古車の1台当たりの買取価格をXとおき、それぞれの費用を計算する。 ●他社に業務委託する場合：0.02X ●自社で行う場合：6,000＋7,500×0.3＝8,250円 以上より、0.02X≦8,250円を満たす場合に、他社に業務委託するほうが有利になる。 ∴X≦412,500円

〈解説〉

中古車の1台当たりの買取価格をXとおき、それぞれの費用を計算する。

●他社に業務委託する場合：0.02X

●自社で行う場合：6,000＋7,500×0.3＝8,250円

※ 固定費は回避不能原価（無関連原価）として扱う。

以上より、0.02X≦8,250円を満たす場合に、他社に業務委託するほうが有利になる。

∴X≦412,500円

講師の解き方

過去問にチャレンジ！

令和4年　第3問（設問1）　　　　　　　理解度チェック ☐☐☐

D社は買い取った中古車の点検整備について、既存の廃車・事故車解体用工場に余裕があるため月間30台までは臨時整備工を雇い、自社で行うことができると考えている。こうした中、D社の近隣で営業している自動車整備会社から、D社による 中古車買取価格の2% の料金で点検整備業務を 他社の場合請け負う旨の提案があった。点検整備を自社で行う場合の費用データは以下のとおりである。

〈点検整備のための費用データ（1台あたり）〉

直接労務費	6,000円
間接費	7,500円

｝関連

*なお、間接費のうち、30%は変動費、70%は固定費の配賦額である。

このときD社は、中古車の買取価格がいくらまでなら点検整備を他社に業務委託すべきか計算し(a)欄に答えよ（単位：円）。また、(b)欄には計算過程を示すこと。なお、本設問では在庫に関連する費用は考慮しないものとする。　----- **単位をチェック**

考え方

有利点の計算が問われているため、関連、無関連を適切に把握する

他社　　　自社
$0.02X \leq 6,000 + 7,500 \times 0.3$
$= 8,250$円
$X \leq 412,500$円

- 23 -

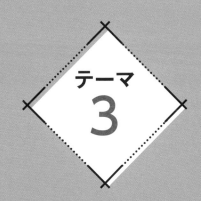

テーマ
3

キャッシュフロー計算書

解答・解説

第1問

〈解答〉

①	②	③	④	⑤	⑥	⑦
×	○	○	○	×	×	×

〈解説〉

① ×：売上債権の増加は、キャッシュ上、<u>減少</u>要因となる。

② ○：棚卸資産の減少は、キャッシュ上、増加要因となる。

③ ○：仕入債務の増加は、キャッシュ上、増加要因となる。

④ ○：前払費用（販売費）の減少は、キャッシュ上、増加要因となる。

⑤ ×：有形固定資産売却益は、キャッシュ上、<u>減少</u>要因となる。

⑥ ×：有形固定資産の売却による収入は、営業活動によるキャッシュフローではなく、<u>投資活動によるキャッシュフローに表示される</u>。

⑦ ×：短期借入金の返済による支出は、営業活動によるキャッシュフローではなく、<u>財務活動によるキャッシュフローに表示される</u>。

第2問

〈解答〉

税引前当期純利益
減価償却費
特別利益
特別損失
営業外収益
営業外費用
売上債権の増加額
棚卸資産の増加額
仕入債務の増加額
小　計
利息の受取額
利息の支払額
法人税等の支払額
営業活動によるCF

※　営業外収益と営業外費用は順不同

〈解説〉

　営業活動によるCF（間接法）は次のとおり作成される。試験では詳細の把握までは必要ないが、次の項目は代表的なものであるため、おさえておきたい。

第××期　CF計算書（例）　　　　（単位：百万円）

1. 営業活動CF		
税引前当期純利益	XXX	← P/Lより
減価償却費	XXX	← P/Lより※1
営業外収益	XXX	← P/Lより
営業外費用	XXX	← P/Lより
売上債権の増加額	XXX	← B/S（当期－前期）より※2
棚卸資産の増加額	XXX	← B/S（当期－前期）より※2
仕入債務の増加額	XXX	← B/S（当期－前期）より※2
小　計	XXX	
利息の受取額	XXX	← P/Lより※3
利息の支払額	XXX	← P/Lより※3
法人税等の支払額	XXX	← P/Lより※4
営業活動CF	XXX	

※1：（P/L上で減価償却費が不明な場合）、減価償却累計額（当期－前期）で計算する場合もある。
※2：B/S項目の数値の状況によって、「増加」あるいは「減少」となる。
※3：経過勘定がある場合は、別途調整が必要となる。
※4：未払法人税等がある場合は、別途調整が必要となる。

第3問

〈解答〉

（単位：百万円）

税引前当期純利益	30
減価償却費	5
営業外収益	－2
営業外費用	4
売上債権の増加額	**－20**
棚卸資産の増加額	**－15**
仕入債務の増加額	**10**
小　計	12
利息の受取額	2
利息の支払額	－4
法人税等の支払額	－3
営業活動によるCF	7

〈解説〉

それぞれの項目とCFへの影響を見ていく。

・売上債権：（55＋95）－（50＋80）＝20（増加）

※売上債権の増加はCF上マイナスの要因である。

・棚卸資産：105－90＝15（増加）

※棚卸資産の増加はCF上マイナスの要因である。

・仕入債務：（35＋50）－（30＋45）＝10（増加）

※仕入債務の増加はCF上プラスの要因である。

　小計より下の「利息の受取額」および「利息の支払額」は経過勘定がないため、「損益計算書の数値＝実際の収支額」となる。そのため、営業外収益を利息の受取額、営業外費用を利息の支払額として認識すればよい。

第4問

（単位：百万円）

税引前当期純利益	40
減価償却費	15
営業外収益	－8
営業外費用	12
売上債権の減少額	10
棚卸資産の減少額	15
仕入債務の減少額	－10
小　計	74
利息の受取額	8
利息の支払額	－12
法人税等の支払額	－12
営業活動によるCF	58

48

〈解説〉

（単位：百万円）

税引前当期純利益	40	← P/Lより
減価償却費	15	← P/Lより
営業外収益	− 8	← P/Lより
営業外費用	12	← P/Lより
売上債権の減少額	10	← B/S(当期−前期)より※1
棚卸資産の減少額	15	← B/S(当期−前期)より※1
仕入債務の減少額	− 10	← B/S(当期−前期)より※2
小　計	74	
利息の受取額	8	← P/Lより
利息の支払額	− 12	← P/Lより
法人税等の支払額	− 12	← P/Lより
営業活動によるCF	58	

※1：売上債権、棚卸資産の減少はCF上プラスの要因である。

※2：仕入債務の減少はCF上マイナスの要因である。

第5問

〈解答〉

103（万円）

〈解説〉

　法人税等の計算に関する問題である。

　−法人税等の支払額＝−法人税等＋未払法人税等（期末−期首）

　より、−90＝−法人税等＋(43−30)が成り立つ。

　∴　−法人税等＝−90−13＝−103（万円）

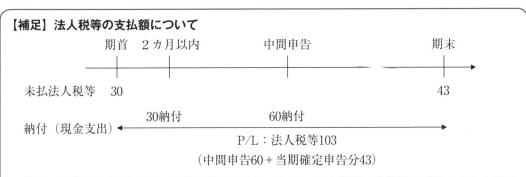

【補足】法人税等の支払額について

　期首の未払法人税等30は、前期の確定申告分である。法人税等は決算日の翌日から2カ月以内に税務署に納付するため、実際の現金支出は当期になる。同様に、期末の未払法人税等43は、当期の確定申告分であり、実際の現金支出は翌期になる。P/L上の法人税等は103であるが、実際に納付するのは90となる。

〈解答〉

設問1   120（千円）

設問2   195（千円）

〈解説〉

　投資活動CFに関する問題である。与えられたデータから、有形固定資産の売却による収入を計算することが問われている。売却時点の帳簿価額を計算するために、有形固定資産の動きを把握する必要がある。有形固定資産の動きを分析する場合は、帳簿価額（取得原価から減価償却累計額を控除した額）でとらえるほうがよい。

設問1

	資　産	
	期　首	期　末
有 形 固 定 資 産	1,800	1,500
減 価 償 却 累 計 額	300	350
	1,500	1,150

期首簿価		当期売却（簿価）	
			150
	1,500	減価償却	
			200
当期取得		期末簿価	
	0		1,150

　貸借のバランスから、売却資産の帳簿価額（簿価）が150と計算される。簿価150の資産を売却した結果、固定資産売却損30となっていることから、売却額（売却収入）＝150－30＝120（千円）となる。

　なお、期首売却を前提に、有形固定資産および減価償却累計額勘定の動きと、有形固定資産売却時の仕訳を示すと以下のようになる。

有形固定資産				減価償却累計額			
期首残高		売却資産		売却資産		期首残高	
	1,800		300		150		300
		期末残高		期末残高		減価償却費	
			1,500		350		200

※ 売却資産取得価額300 − 売却資産減価償却累計額150 ＝ 売却資産簿価150

（借方）	減価償却累計額	150	（貸方）	有形固定資産	300
	現 金 預 金	120			
	売 却 損	30			

設問2

	資 産		
		期 首	期 末
有 形 固 定 資 産		2,400	2,150
減価償却累計額		400	500
		2,000	1,650

期首簿価		当期売却（簿価）	
			170
	2,000	減価償却	
当期取得			180
		期末簿価	
	0		1,650

　貸借のバランスから、売却資産の帳簿価額（簿価）が170と計算される。簿価170の資産を売却した結果、固定資産売却益25となっていることから、売却額（売却収入）＝170＋25＝195（千円）となる。

　なお、期首売却を前提に、有形固定資産および減価償却累計額勘定の動きと、有形固定資産売却時の仕訳を示すと以下のようになる。

有形固定資産				減価償却累計額			
期首残高		売却資産		売却資産		期首残高	
	2,400		250		80		400
		期末残高		期末残高		減価償却費	
			2,150		500		180

※ 売却資産取得価額250 − 売却資産減価償却累計額80 ＝ 売却資産簿価170

（借方）	減価償却累計額	80	（貸方）	有 形 固 定 資 産	250
	現 金 預 金	195		売 却 益	25

〈解答〉

```
20(百万円)
```

〈解説〉

　配当金の支払額に関する問題である。配当金の支払額は、財務活動CFに計上されるものである。株主資本等変動計算書において、配当金の支払額を読み取ることがポイントとなる。

株主資本等変動計算書

配当金の支払額

剰余金の配当		2		△22	△20	△20	△20
当期純利益				18	18	18	18
当期変動額合計		2		△4	△2	△2	△2
当期末残高	400	42	40	216	298	698	698

【参考（仕訳）】

　この問題では剰余金の配当を行う際に、当該剰余金の配当により減少する額の10分の1を利益準備金に積み立てていると読み取ることができる。

① 利益準備金への積立

繰越利益剰余金	22	未払配当金	20
		利益準備金	2

② 配当金の支払

未払配当金	20	現金預金	20

応 用 問 題

第1問

〈解答〉

（単位：百万円）

項　　目	金　額
税引前当期純利益	50
減価償却費	31
特別損失	5
営業外費用	65
売上債権の減少額	1
棚卸資産の増加額	−102
仕入債務の増加額	5
小　計	55
利息の支払額	−65
法人税等の支払額	−20
営業キャッシュフロー合計額	−30

（単位：百万円）

項　　目	金　額
有形固定資産の売却による収入	15
投資有価証券の売却による収入	2
投資キャッシュフロー合計額	17

〈解説〉

　CF計算書の作成には、2期の貸借対照表と当年度の損益計算書が必要である。本問では、第6期のCF計算書が問われているため、第5期と第6期の貸借対照表と第6期の損益計算書から作成する。

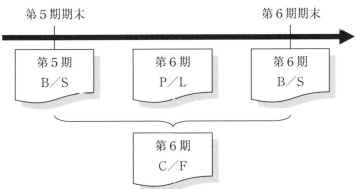

⑴ 第6期の営業CF（営業活動によるCF）

（単位：百万円）

項　　目	金　　額		
税引前当期純利益	50	←	P/Lより
減価償却費	31	←	減価償却費の内訳より
特別損失	5	←	P/Lより
営業外費用	65	←	P/Lより
売上債権の減少額	1	←	B/S(当期−前期)より
棚卸資産の増加額	−102	←	B/S(当期−前期)より
仕入債務の増加額	5	←	B/S(当期−前期)より
小　　計	55		
利息の支払額	−65	←	P/Lより
法人税等の支払額	−20	←	P/Lより
営業キャッシュフロー合計額	−30		

⑵ 第6期の投資CF（投資活動によるCF）

① 有形固定資産

有形固定資産（建物・機械設備等）の動きを図示すると、次のようになる。

期首簿価		当期売却(簿価)	
			20
	549	減価償却費	
当期取得			31
		期末簿価	
	0		498

　貸借のバランスから、売却資産の簿価が20であることがわかる。簿価20の資産を売却した結果、特別損失が5となっていることから、売却額は20−5＝15百万円となる。

② 投資有価証券

　第6期の投資有価証券は、第5期から2百万円減少しているため、売却による収入があったと推測される。

　したがって、投資CFは次のようになる。

項　　目	金　　額
有形固定資産の売却による収入	15
投資有価証券の売却による収入	2
投資キャッシュフロー合計額	17

　なお、CF計算書の計算過程が問われず、活動別の計算結果が問われる場合もある。その場合、現金等の増減（最終結果）は貸借対照表から把握できる。3つの活動別のCFを計算せずとも、2つの活動別のCFを計算さえすれば、残りの1つの活動別のCFは計算可能である。たとえば、投資活動CFの計算に自信がなければ、営業活動CFと財務活動CFを計算すれば、逆算可能である。ただし、この方法は、本問のように営業活動CFの「計算過程」が問われる可能性があるため、あく

までも検算として用いるのがよい。

【補足】財務CFについて

財務CFの計算は、次のとおりである。

（単位：百万円）

項　　目	金　額	
短期借入金の借入れによる収入	12	← B/S（当期－前期）より
長期借入金の借入れによる収入	20	← B/S（当期－前期）より
配当金の支払額	−12	← ※
財務キャッシュフロー合計	20	

※　剰余金の動きを図示すると、次のようになる。

配当金の支払額	前期
12	662
	当期純利益
当期	
680	30

講師の解き方

応用問題

第1問　　　　　　　　　　　　　　　　　　　理解度チェック □□□

D社の2ヵ年（第5期と第6期）の財務諸表は次のとおりである。

貸借対照表

（単位：百万円）

	第5期	第6期		第5期	第6期
資産の部			負債の部		
流動資産	901	1,009	流動負債	868	885
現金・預金	(91) +7 → (98)		支払手形・買掛金	(328) +5 → (333)	
受取手形・売掛金	(400) △1 → (399)		短期借入金	480	492
有価証券	20	20	その他流動負債	60	60
棚卸資産	(360) +102 → (462)		固定負債	920	940
その他流動資産	30	30	長期借入金	820	840
			その他固定負債	100	100
固定資産	1,599	1,546	負　債　合　計	1,788	1,825
土地	1,000	1,000	純資産の部		
建物・機械設備等	549	498	資本金	50	50
投資有価証券	50	48	剰余金	662	680
			純　資　産　合　計	712	730
資　産　合　計	2,500	2,555	負債・純資産合計	2,500	2,555

> 未払法人税等が
> ないことを確認

考え方

減価償却累計額の表示がないため直接控除法と判断した

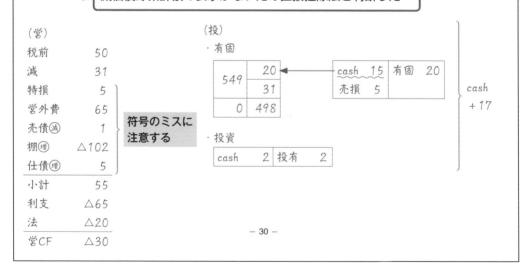

（営）

税前	50
減	31
特損	5
営外費	65
売債(減)	1
棚(増)	△102
仕債(増)	5
小計	55
利支	△65
法	△20
営CF	△30

> 符号のミスに
> 注意する

（投）

・有固

549	20
	31
0	498

cash 15 | 有固 20
売損 5

・投資

cash 2 | 投有 2

cash +17

－ 30 －

56

損益計算書
(単位：百万円)

	第5期	第6期
売上高	3,000	3,180
売上原価	2,200	2,320
売上総利益	800	860
販売費・一般管理費	720	740
営業利益	80	120
営業外収益（受取利息）	0	⓪
営業外費用（支払利息）	60	㉕
経常利益	20	55
特別利益	0	0
特別損失	0	⑤
税引前当期純利益	20	㊿
法人税等	8	20
当期純利益	12	30

→ 繰越利益剰余金に
格納される

※　第6期の特別損失は、建物・機械設備等の売却にかかるものである。

減価償却費の内訳
(単位：百万円)

	第5期	第6期
減価償却費	40	㉛

　D社のキャッシュフロー（CF）について、D社の財務諸表から第6期のキャッシュフロー計算書における営業キャッシュフローと投資キャッシュフローの計算過程を示せ。

問題要求をまずはチェック

（検算）

$cash + 7 =$　営　△30
　　　　　　　投　＋17　　一致 →
　　　　　　　財　＋20

考え方

「現金・預金の増減額＝営業CF＋投資CF＋財務CF」
より、検算を行った。

（財）
短借　　12
長借　　20
配当　　△12
　　　　20

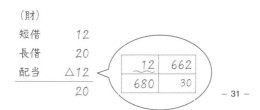

12	662
680	30

〈解答〉

(a)	−22(百万円)	(b)	3(百万円)	(c)	4(百万円)

〈解説〉

各CFの項目を見ていくと次のとおりである。

X2年度　CF計算書	（単位：百万円）	
1. 営業活動CF		
税引前当期純利益	5	←　P/Lより
減価償却費	15	←　P/L＋C/Rより※1
特別損失	4	←　P/Lより
営業外費用	13	←　P/Lより
売上債権の増加額	− 8	←　B/S(当期−前期)より
棚卸資産の増加額	−44	←　B/S(当期−前期)より
仕入債務の増加額	8	←　B/S(当期−前期)より
小　　計	− 7	
利息の支払額	−13	←　P/Lより
法人税等の支払額	− 2	←　P/Lより
営業活動CF	−22	
2. 投資活動CF		
有形固定資産の売却による収入	3	←　※2
投資活動CF	3	
3. 財務活動CF		
短期借入金の借入による収入	14	←　B/S(当期−前期)より
配当金の支払額	−10	←　※3
財務活動CF	4	
4. 現金及び現金同等物の増減額	−15	
5. 現金及び現金同等物の期首残高	81	
6. 現金及び現金同等物の期末残高	66	

※1：P/L減価償却費 5 ＋C/R減価償却費10＝15

※2：B/Sの「注：土地の取得・売却はない。また、建物・機械設備等の取得はない」より、建物・機械設備等の売却があることが把握できる。まずは、建物・機械設備等のボックス図により売却時の簿価を計算する。

建物・機械設備等

期　　首		売却時簿価	
	270		（7）
取　　得		P/L＋C/R減価償却費計上額	
			15
		期　　末	
	0		248

　よって、建物・器具備品等の売却による収入は、建物・器具備品等の売却時の帳簿価額7百万円から特別損失（固定資産売却損）4百万円を差し引き、3百万円となる。

借方科目	金額	貸方科目	金額
現　金　預　金	（3）	建物・機械設備等	7
特　別　損　失	4		

※3：株主資本等変動計算書については、財務活動によるCFの「配当金の支払額」の数値を抽出
　　できることが重要になる。

株主資本等変動計算書

配当金の支払額

剰余金の配当		1		△11	△10	△10	△10
当期純利益				3	3	3	3
当期変動額合計		1		△8	△7	△7	△7
当期末残高	200	41	20	13	74	274	274

【参考】剰余金の配当：配当額10、利益準備金積立額1

借方科目	金額	貸方科目	金額
繰越利益剰余金	11	未　払　配　当　金	10
		利　益　準　備　金	1
未　払　配　当　金	10	現　金　預　金	10

講師の解き方

第2問

X1年度（前期）およびX2年度（当期）の決算書の資料を用いて、X2年度の(a)営業活動によるキャッシュフロー、(b)投資活動によるキャッシュフローおよび(c)財務活動によるキャッシュフローを計算せよ（単位：百万円）。

未払法人税等がないことを確認

貸借対照表　　　　　　　　（単位：百万円）

資産の部	X1年度	X2年度	負債の部	X1年度	X2年度
流動資産	286	323	流動負債	185	207
現金等	81	66	支払手形・買掛金	60	68
受取手形・売掛金	80	88	短期借入金	110	124
有価証券	25	25	その他流動負債	15	15
棚卸資産	90	134	固定負債	235	235
その他流動資産	10	10	長期借入金	230	230
			その他固定負債	5	5
固定資産	415	393	負債合計	420	442
土地	120	120	純資産の部		
建物・機械設備等	270	248	資本金	200	200
投資有価証券	15	15	利益準備金	40	41
その他固定資産	10	10	別途積立金	20	20
			繰越利益剰余金	21	13
			純資産合計	281	274
資産合計	701	716	負債・純資産合計	701	716

流動資産：△15（81→66）、+8（80→88）、+44（90→134）
流動負債：+8（60→68）

直接控除法

※ 土地の取得・売却はない。また、建物・機械設備等の取得はない。

損益計算書　　（単位：百万円）

	X1年度	X2年度
売上高	550	599
売上原価	470	523
売上総利益	80	76
販売費・一般管理費	53	54
人件費	23	25
減価償却費	5	5
その他管理費等	25	24
営業利益	27	22
営業外収益	0	0
営業外費用	12	13
経常利益	15	9
特別利益	0	0
特別損失	0	4
税引前当期純利益	15	5
法人税等	6	2
当期純利益	9	3

※ 営業外収益、費用は、全額利息関連である。

製造原価報告書　　（単位：百万円）

	X1年度	X2年度
Ⅰ　材料費	230	255
Ⅱ　労務費	110	127
Ⅲ　経　費	130	141
（うち、材料廃棄損）	20	25
（うち、減価償却費）	11	10
当期製造費用	470	523
期首仕掛品棚卸高	20	20
期末仕掛品棚卸高	20	20
当期製品製造原価	470	523

減価償却費が売上原価（製造原価）と販管費に計上されていることに注意する

考え方

特別損失の内訳は不明であるが、固定資産の売却に係るものであると考えるのが最も妥当であると判断した

（投資CF推定のメモ）

建・機

270	(7)	cash 3	建・機 7
	15	売損 4	
0	248		

株主資本等変動計算書
X3年3月31日
（単位：百万円）

		株　主　資　本					純資産合計
			利　益　剰　余　金			株主資本合計	
	資本金	利益準備金	その他利益剰余金		利益剰余金合計		
			別途積立金	繰越利益剰余金			
前期末残高	200	40	20	21	81	281	281
当期変動額							
新株の発行							
剰余金の配当		1		△11	△10	△10	△10
当期純利益				3	3	3	3
当期変動額合計		1		△8	△7	△7	△7
当期末残高	200	41	20	13	74	274	274

| 繰利剰　11 | cash　10 |
| 利準　1 | |

（営）

税前	5
減	15
特損	4
営外費	13
売債(増)	△8
棚(増)	△44
仕債(増)	8
小計	△7
利支	△13
法	△2
営CF	△22

**忘れない
ように**

**符号ミスに
注意**

（投）

| 売却収入 | 3 |
| 投CF | 3 |

（財）

短借	14
配当	△10
財CF	4

（検算）

現 ＝ 営 ＋ 投 ＋ 財

$$△15 = △22 + 3 + 4$$

一致

過去問にチャレンジ！

〈解答〉

（単位：百万円）

税引前当期純利益	15
減価償却費	22
営業外収益	−5
営業外費用	40
売上債権の増加額	−21
棚卸資産の減少額	9
仕入債務の減少額	−13
その他固定負債の減少額	−2
小　計	45
利息の受取額	5
利息の支払額	−40
法人税等の支払額	−4
営業活動によるCF	6

〈解説〉

営業活動によるCF　　　　（単位：百万円）

税引前当期純利益	15	←P/Lより
減価償却費	22	←B/S(当期−前期)より※1
営業外収益	−5	←P/Lより
営業外費用	40	←P/Lより
売上債権の増加額	−21	←B/S(当期−前期)より
棚卸資産の減少額	9	←B/S(当期−前期)より
仕入債務の減少額	−13	←B/S(当期−前期)より
その他固定負債の減少額	−2	
小　計	45	
利息の受取額	5	←P/Lより
利息の支払額	−40	←P/Lより
法人税等の支払額	−4	←P/L(B/Sの未払法人税等の調整含む)より※2
営業活動CF	6	

※1：B/Sの「建物・機械装置」の額に変動がないことから、取得・売却がないと判断できる。よって、減価償却累計額の差額22（＝490−468）が、CF上調整すべき減価償却費となる。

※2：P/Lの法人税等にB/Sの「未払法人税等」を調整する。法人税等の支払額は、次の算式のとおりである。
　　 −法人税等の支払額＝−P/L法人税等6＋B/Sの未払法人税等（4−2）＝−4

MEMO

講師の解き方

過去問にチャレンジ！

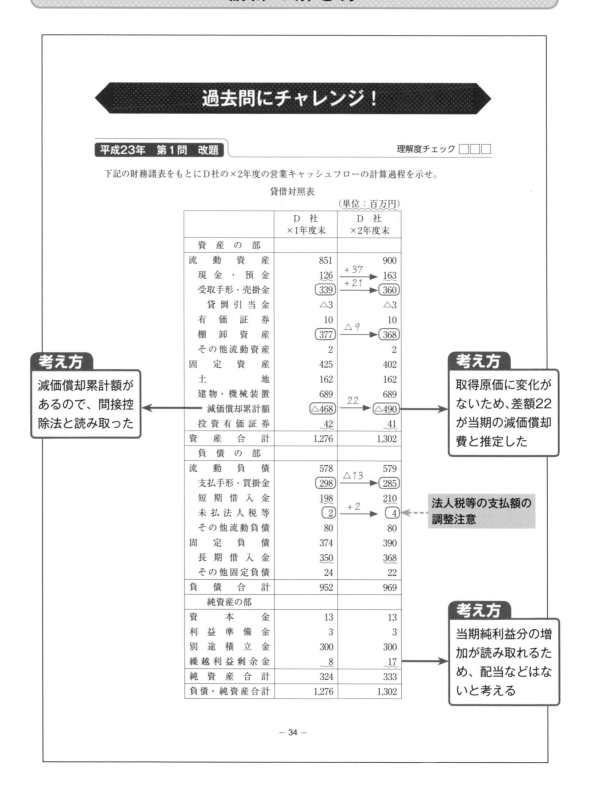

平成23年　第1問　改題

理解度チェック □□□

下記の財務諸表をもとにD社の×2年度の営業キャッシュフローの計算過程を示せ。

貸借対照表

(単位：百万円)

	D 社 ×1年度末	D 社 ×2年度末
資 産 の 部		
流 動 資 産	851	900
現 金 ・ 預 金	126	163
受取手形・売掛金	339	360
貸 倒 引 当 金	△3	△3
有 価 証 券	10	10
棚 卸 資 産	377	368
その他流動資産	2	2
固 定 資 産	425	402
土 地	162	162
建物・機械装置	689	689
減価償却累計額	△468	△490
投 資 有 価 証 券	42	41
資 産 合 計	1,276	1,302
負 債 の 部		
流 動 負 債	578	579
支払手形・買掛金	298	285
短 期 借 入 金	198	210
未 払 法 人 税 等	2	4
その他流動負債	80	80
固 定 負 債	374	390
長 期 借 入 金	350	368
その他固定負債	24	22
負 債 合 計	952	969
純資産の部		
資 本 金	13	13
利 益 準 備 金	3	3
別 途 積 立 金	300	300
繰 越 利 益 剰 余 金	8	17
純 資 産 合 計	324	333
負債・純資産合計	1,276	1,302

+ 37 → 163
+ 21 → 360
△ 9
22
△13
+ 2

考え方
減価償却累計額があるので、間接控除法と読み取った

考え方
取得原価に変化がないため、差額22が当期の減価償却費と推定した

法人税等の支払額の調整注意

考え方
当期純利益分の増加が読み取れるため、配当などはないと考える

－ 34 －

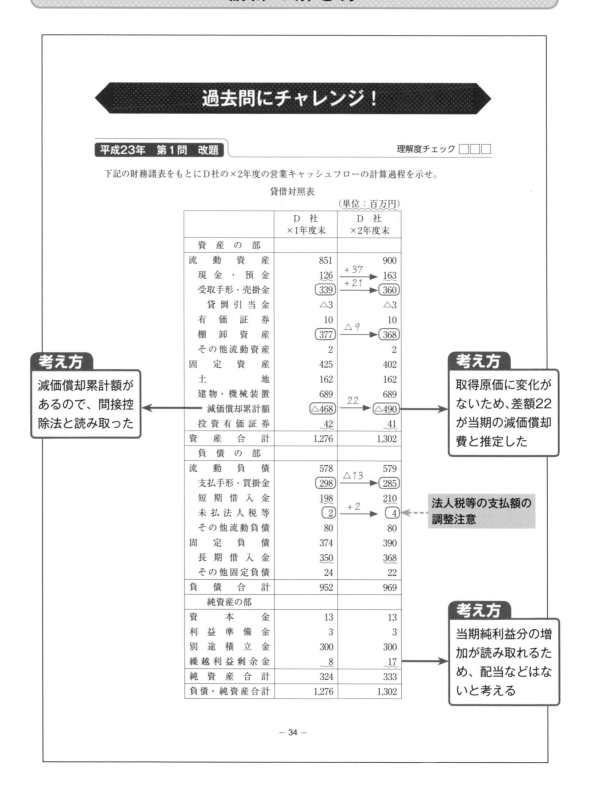

損益計算書
(単位：百万円)

	D社 ×2年度
売 上 高	2,450
売 上 原 価	1,972
売 上 総 利 益	478
販売費・一般管理費	428
営 業 利 益	50
営 業 外 収 益	5
（うち受取利息）	(5)
営 業 外 費 用	40
（うち支払利息）	(40)
経 常 利 益	15
特 別 利 益	—
特 別 損 失	—
税引前当期純利益	15
法 人 税 等	6
当 期 純 利 益	9

（営）

税前	15
減	22
営外収	△5
営外費	40
売債㊂	△21
棚㊅	9
仕債㊅	△13
その他	△2
小計	45
利受	5
利支	△40
法	△4
営CF	6

（投）

有証売収	1
投CF	1

（財）

短借	12
長借	18
財CF	30

（検算）

現・預 ＝ 営CF ＋ 投CF ＋ 財CF

37　　6 ＋ 1 ＋ 30

一致

【参考】間接法における商品減耗損・商品評価損、貸倒損失の調整

　以下に、間接法における商品減耗損・商品評価損、貸倒損失の調整について示す。結論をいえば、「調整しない」ことになる。試験対策上、結論を覚えておくだけでかまわない。

(1) 棚卸減耗損・商品評価損

比較貸借対照表　　　　　　　　（単位：円）

科　目	前　期	当　期	科　目	前　期	当　期
商　　　品	200	130			

当期の損益計算書　　　　　　　　（単位：円）

借方科目	金　額	貸方科目	金　額
売　上　原　価	700	売　　上　　高	1,000
棚　卸　減　耗　損	20		
税引前当期純利益	280		
合　　　計	1,000	合　　　計	1,000

※　売上・仕入は、全額現金によるものである。

〈解説〉

直接法

営業活動によるキャッシュフロー	
営業収入	1,000
商品の仕入支出	△650
小　計	350

間接法

営業活動によるキャッシュフロー	
税引前当期純利益	280
商品の減少額	70
小　計	350

商品（仕入）ボックス

期　首		売上原価	
	200		700
仕入支出		棚卸減耗損	20
		期　末	
	650		130

66

(2) 貸倒損失

比較貸借対照表　　　　　（単位：円）

科　　目	前　期	当　期	科　　目	前　期	当　期
売　上　債　権	100	200	貸　倒　引　当　金	20	40

当期の損益計算書　　　　　（単位：円）

借方科目	金　額	貸方科目	金　額
売　上　原　価	700	売　　上　　高	1,000
貸　倒　損　失	10		
貸倒引当金繰入	20		
税引前当期純利益	270		
合　　　計	1,000	合　　　計	1,000

※　仕入は、全額現金によるものである。

※　売上債権10円が貸倒れた。

〈解説〉

直接法

営業活動によるキャッシュフロー	
営業収入	890
商品の仕入支出	△700
小　　計	190

間接法

営業活動によるキャッシュフロー	
税引前当期純利益	270
売上債権の増加額	△100
貸倒引当金の増加額	20
小　　計	190

売上債権

期　首		収　入	
	100		
売上高			890
		貸倒（貸引）	10
		期　末	
	1,000		200

貸倒引当金

期　末		期　首	
			20
	40	繰　入	
			20

テーマ
4

業務的意思決定など

解答・解説

第1問

〈解答〉

A部門	380（百万円）
B部門	120（百万円）
C部門	200（百万円）

〈解説〉

　セグメント別損益計算に関する問題である。本問の「セグメントとしての部門が各部門に共通的に発生する固定費を回収し、さらに利益を獲得することに貢献する度合いを示す利益額」は、直接原価計算方式によるセグメント別損益計算書における、貢献利益（セグメント別貢献利益）のことである。よって、各部門の限界利益および貢献利益を確認すると以下のようになる。

（単位：百万円）

	A部門	B部門	C部門	合　計
売　　上　　高	2,000	3,200	4,000	9,200
変　　動　　費	1,080	1,900	2,900	5,880
限　界　利　益	920	1,300	1,100	3,320
個　別　固　定　費	540	1,180	900	2,620
貢　献　利　益	380	120	200	700

第2問

〈解答〉

[設問1]

		(a)		(b)	
①	(a)	12（%）	(b)	−1.2（%）	
②	(a)	20（%）	(b)	2.14（%）	
③	(a)	20（%）	(b)	8.13（%）	

[設問2]

貢	献	利	益	率	に	着	目	し	、	そ	の	比	率	が	マ	イ	ナ	ス	で
あ	る	S	部	門	か	ら	撤	退	す	べ	き	で	あ	る	。				

〈解説〉

設問1

限界利益率、貢献利益率について要求されている。

限界利益＝売上高−変動費

貢献利益＝売上高−変動費−個別固定費

（単位：千円）

	S部門	T部門	U部門	全体
売　上　高	50,000	35,000	40,000	125,000
材　料　費	24,000	14,000	16,000	54,000
労　務　費	20,000	14,000	16,000	50,000
限　界　利　益	6,000	7,000	8,000	21,000
減 価 償 却 費	6,600	6,250	4,750	17,600
貢　献　利　益	−600	750	3,250	3,400

	S部門	T部門	U部門	全体
限 界 利 益 率	12%	20%	20%	16.8%
貢 献 利 益 率	−1.20%	2.14%	8.13%	2.72%

限界利益率＝限界利益÷売上高×100

貢献利益率＝貢献利益÷売上高×100

設問2

　要求事項は「どのような点に着目し」「どのように評価をすべきか」である。まず、どのような点に着目するかは、「設問1の分析結果から」という設問文中に制約があることから、貢献利益率が解答となる。限界利益は、個別固定費を差し引く前の利益であり、個別固定費が与えられた場合は、個別固定費を差し引いた貢献利益で撤退判断の意思決定をすることになる。このような問題の場合は、作問者が何を要求しているのかを考えてみると対応しやすい。失敗してしまう例としては、安全余裕率など設問1で問われていない比率を解答としてしまう場合である。

　よって、①〜③の比率に着目し貢献利益率の特徴から、プラスであるT部門、U部門に注力すべきである。また、S部門は、マイナスであることから撤退すべきである。最も貢献利益率の高いU部門に注力すべきという方向性も考えられるが、T部門もプラスであり止めるという理由も考えられないことからマイナスであるS部門の撤退を解答としている。

〈解答〉

(a)	（単位：百万円） 〈貢献利益〉 製品X：限界利益450－個別固定費200＝貢献利益250 製品Y：限界利益500－個別固定費300＝貢献利益200 製品Z：限界利益640－個別固定費400＝貢献利益240 〈営業利益〉 製品Zを廃止しない場合の営業利益 75＋25＋（△40）＝60 製品Zを廃止した場合の営業利益 製品X・Yの貢献利益（250＋200）－共通固定費630＝△180 ∴製品Zの貢献利益分の営業利益が減少する
(b)	製品Zは廃止すべきではない。共通固定費の回収に寄与している貢献利益を得られなくなることで、営業利益が減少するため。

〈解説〉

　製品Zの貢献利益は、240百万円であるため、共通固定費の一部を回収できる。製品Zを廃止した場合であっても、製品Xと製品Yの販売量等には影響を与えない。ただし、製品Xと製品Yの貢献利益は変わらないが、製品Zの共通固定費を負担するため、営業利益に影響を与えることになる。

　このことにより、製品Zを廃止した場合は、営業利益は△180百万円（計算過程略）となり、貢献利益分の営業利益が減少することから、製品Zは廃止すべきではないとわかる。

【参考】限界利益と貢献利益について

　簿記検定試験や公認会計士試験などは、限界利益を「貢献利益」といい、貢献利益を「セグメント別貢献利益」などという。一方、中小企業診断士試験では、限界利益と貢献利益の組み合わせで出題されているので、他資格で学習済みの方は混同しないように留意されたい。

※　平成30年度第1次試験においては、簿記検定試験などと同様に限界利益を「貢献利益」と表記していた。今後の中小企業診断士試験対策としては、「限界利益」「貢献利益」のどちらで表記されても、その内容から何を示しているのかを考え、対処しなければならない。なお、上記の状況から名称の記述が問われた場合には、どちらでも正答になると考えられる。

第4問

〈解答〉

①	1.5（倍）
②	2（倍）

〈解説〉

営業レバレッジは、売上高の増減に伴う利益の増減を測る係数であり、次の計算式で表される。

【営業レバレッジの計算式】

$$営業レバレッジ = \frac{売上高 - 変動費}{売上高 - 変動費 - 固定費}$$

$$= \frac{限界利益}{営業利益^{※}}$$

総費用に占める固定費の割合が大きい場合、営業レバレッジは大きくなり、固定費の割合が小さい場合、営業レバレッジは小さくなる。

※　分母は、経常利益ベースまでの損益分岐点分析の場合、経常利益となる。

本問のX社・Y社の営業レバレッジを計算すると次のとおりである。

X社の営業レバレッジ：600 ÷ 400 = 1.5（倍）

Y社の営業レバレッジ：800 ÷ 400 = 2（倍）

第5問

〈解答〉

D	社	の	営	業	レ	バ	レ	ッ	ジ	は	14	.4	倍	で	あ	り	、	同	業
他	社	は	9.	6	倍	で	あ	る	。	D	社	の	営	業	レ	バ	レ	ッ	ジ
は	、	同	業	他	社	に	比	べ	大	き	い	た	め	、	売	上	高	の	増
減	に	応	じ	て	営	業	利	益	の	増	減	幅	が	大	き	く	な	る	。

〈解説〉

問題文よりD社と同業他社の費用構造を明らかにする。D社の変動費率は40％であり、同業他社の変動費率は60％であることから、変動費と固定費は次のとおりである。

D社の変動費：2,400 × 0.4 = 960

同業他社の変動費：2,400 × 0.6 = 1,440

「固定費 =（売上原価 + 販売費・一般管理費）- 変動費」より

D社の固定費：(1,700 + 600)　960 = 1,340

同業他社の固定費：(2,000 + 300) - 1,440 = 860

となる。

（単位：百万円）

	D 社	同業他社
変　動　費	960	1,440
固　定　費	1,340	860

　上記の変動費と固定費をもとにして、直接原価計算の損益計算書を作成すると、次のようになる。

（単位：百万円）

	D 社	同業他社
売　　上　　高	2,400	2,400
変　　動　　費	960	1,440
限　　界　　利　　益	1,440	960
固　　定　　費	1,340	860
営　　業　　利　　益	100	100

　上記より、「営業レバレッジ＝限界利益÷営業利益」を計算すると、
　D社の営業レバレッジ：1,440÷100＝14.4（倍）
　同業他社の営業レバレッジ：960÷100＝9.6（倍）
となる。

　D社は、同業他社に比べ高固定費型の費用構造である。そのため営業レバレッジが大きい。そして、固定費の負担が大きい場合は、売上高の変動に対する営業利益の変動幅が大きいことを示している。今後の見通しが明るく、売上高の増加が確実に見込めるような場合は、営業レバレッジが大きいほうが望ましい一方、今後の見通しが悪く、あるいは不確実性が高い場合などは、売上高の減少による営業利益の減少幅を抑えるため、営業レバレッジが小さいほうが望ましい場合もある。

第6問

〈解答〉

製品A	200（個）
製品B	200（個）
製品C	50（個）

〈解説〉

　セールスミックスに関する問題である。与えられた表内のデータに、わかりやすいよう単位を付け直す。制約条件が与えられた場合、制約条件の単位あたり限界利益を計算したうえで、評価することになる。

	製品A	製品B	製品C
限界利益	3,000円	4,400円	5,600円
単位あたり設備稼働時間	1時間/個	2時間/個	4時間/個
単位あたり限界利益	3,000円/時間	2,200円/時間	1,400円/時間
最大可能販売数量	200個	200個	200個

設備稼働時間が800時間内という条件の下、単位あたり限界利益の大きいものから、販売することになる。よって、製品A→製品B→製品Cの順になる。

	製品A	製品B	製品C
①単位あたり設備稼働時間	1時間/個	2時間/個	4時間/個
②販売数量	200個	200個	50個
③設備稼働時間（①×②）	200時間	400時間	※200時間

製品Aおよび製品Bは最大可能販売数量まで生産・販売可能である。ただし、製品Cの場合は、残り時間が200時間しかない。よって、製品Cの最大可能販売数量である200個は生産・販売できない。したがって、200時間÷4時間/個＝50個であれば、ちょうど800時間となり、生産・販売できる。

第7問

〈解答〉

2（百万円）

〈解説〉

業務的意思決定に関する問題である。

差額収益および差額費用より差額利益を計算する。なお、与えられている資料のうち無関連原価となるのは、「特殊機械を配置する倉庫に生じる現金支出固定費」と「内製業務に携わる従業員の人件費のうち既存従業員分」である。

したがって、差額利益は次のとおりである。

差額収益＝18（百万円）…増加する限界利益額
差額原価＝10＋6＝16（百万円）…特殊機械のリース料と新規採用従業員の人件費
差額利益＝18－16＝2（百万円）…差額収益－差額原価

第8問

〈解答〉

設問1

> 差額利益40,000円が発生するため、特別注文に応じるべきである。

設問2

> 差額損失40,000円が発生するため、特別注文に応じるべきではない。

設問3

> 差額損失60,000円が発生するため、特別注文に応じるべきではない。

〈解説〉

　特別注文受諾可否の意思決定に関する問題である。計画外の特別の割り込み注文があった場合の意思決定では、受注することによる差額利益がプラスかマイナスかによって判断する。

設問1

　本設問では、特別注文を引き受けることにより、固定費には影響を与えないため、変動費のみが差額原価となり、固定費が無関連原価となる。

　　したがって、差額収益　＠160円×2,000単位＝320,000円

　　　　　　　　差額原価　＠140円×2,000単位＝280,000円

　　　　　　　　差額利益　　40,000円

　よって、差額利益40,000円が発生するため、特別注文に応じるべきである。

設問2

　本設問では、特別注文を引き受けることにより、追加的な固定費は発生しないが、現在の販売分を減らすことで対応する。

　　したがって、差額収益　＠160円×4,000単位－＠200×2,000単位＝240,000円

　　　　　　　　差額原価　＠140円×2,000単位＝280,000円

　　　　　　　　差額利益　△40,000円

　よって、差額損失40,000円が発生するため、特別注文に応じるべきではない。

　もしくは、以下のように計算することもできる。

〈注文に応じる場合〉

（収益）

 現状販売分：@200×8,000＝1,600,000円

 新規注文分：@160×4,000＝640,000円

 収 益 合 計：1,600,000＋640,000＝2,240,000円

（費用）

 変 動 費：@140×12,000＝1,680,000円

 固 定 費：400,000円

 費用合計：1,680,000＋400,000＝2,080,000円

（利益）

 利益：2,240,000－2,080,000＝160,000円

〈注文を断る場合〉

（収益）

 現状販売分（＝収益合計）：@200×10,000＝2,000,000円

（費用）

 変 動 費：@140×10,000＝1,400,000円

 固 定 費：400,000円

 費用合計：1,400,000＋400,000＝1,800,000円

（利益）

 利益：2,000,000－1,800,000＝200,000円

〈差額利益〉

 差額利益：160,000－200,000＝△40,000円

[設問3]

　本設問では、特別注文を引き受けることにより、追加的な固定費は発生しないが、現在の販売分の販売単価を引き下げなければならない。

　　したがって、差額収益　　@160円×2,000単位－@10×10,000単位＝220,000円

　　　　　　　　差額原価　　@140円×2,000単位＝280,000円

　　　　　　　　差額利益　　△60,000円

　よって、差額損失60,000円が発生するため、特別注文に応じるべきではない。

　もしくは、以下のように計算することもできる。

〈注文に応じる場合〉

（収益）

 現状販売分：@190×10,000＝1,900,000円

 新規注文分：@160×2,000＝320,000円

 収 益 合 計：1,900,000＋320,000＝2,220,000円

（費用）

　変　動　費：@140×12,000＝1,680,000円

　固　定　費：400,000円

　費用合計：1,680,000＋400,000＝2,080,000円

（利益）

　利益：2,220,000－2,080,000＝140,000円

〈注文を断る場合〉

　設問2 と同様である。

〈差額利益〉

　差額利益：140,000－200,000＝△60,000円

第1問

〈解答〉

設問1

（単位：％）

R	S	T	U
40	45	50	40

設問2

（単位：ロット）

R	S	T	U
4,400	5,000	8,000	10,000

〈解説〉

　複数の製品を生産している企業は、限られた経営資源を使って、どの製品に注力して製造販売していくかという意思決定を行う場合がある。その際の有効な概念がセールスミックス（製品毎の売上高の組合せ）である。

設問1

　製品R、S、T、Uの限界利益率が問われている。

(1)　限界利益

　「販売単価－変動費」より、各製品のロット当たり限界利益を計算する。

　R：30,000－18,000＝12,000円

　S：40,000－22,000＝18,000円

　T：36,000－18,000＝18,000円

　U：25,000－15,000＝10,000円

(2)　限界利益率

　「限界利益÷販売単価」より、限界利益率を計算する。

　R：12,000÷30,000＝<u>0.4（40％）</u>

　S：18,000÷40,000＝<u>0.45（45％）</u>

　T：18,000÷36,000＝<u>0.5（50％）</u>

　U：10,000÷25,000＝<u>0.4（40％）</u>

設問2

　限りある経営資源の中で、時間などのキャパシティに制約がある場合は、できるだけ各製品の需要を満たしながら、制約条件当たり限界利益の高い製品の順に生産していくというルールに基づいて希少資源を割り振ることが必要になる。ただし、本問題では最低販売量が設定されているため、

注意が必要である。

(1) 最低販売量の生産
　　各製品の最低販売量にかかる機械加工時間を計算する。
　　R：3,500 × 5 ＝17,500時間
　　S：5,000 × 8 ＝40,000時間
　　T：2,000 × 6 ＝12,000時間
　　U：3,000 × 4 ＝12,000時間
　　残り機械加工時間：150,000 －（17,500 ＋ 40,000 ＋ 12,000 ＋ 12,000）＝68,500時間

(2) 機械加工時間の単位当たり限界利益
　　「限界利益÷機械加工時間」より、単位当たり限界利益を計算し、これの大きい順に残り機械加工時間を割り振る。
　　R：12,000 ÷ 5 ＝2,400円／時
　　S：18,000 ÷ 8 ＝2,250円／時
　　T：18,000 ÷ 6 ＝3,000円／時
　　U：10,000 ÷ 4 ＝2,500円／時
　　以上より、生産する順番はT→U→R→Sとなる。

　次に、各製品の生産量を見ていく。

(3) Tの生産量
　　予想最大販売量8,000ロットまで生産する（最低販売量との差6,000ロットを生産するための機械加工時間を計算する）。
　　　製品T6,000ロットの機械加工時間：6 × 6,000 ＝36,000時間
　　　残り機械加工時間：68,500 － 36,000 ＝32,500時間

(4) Uの生産量
　　予想最大販売量10,000ロットまで生産する（最低販売量との差7,000ロットを生産するための機械加工時間を計算する）。
　　　製品U7,000ロットの機械加工時間：4 × 7,000 ＝28,000時間
　　　残り機械加工時間：32,500 － 28,000 ＝4,500時間

(5) Rの生産量
　　製品Rを予想最大販売量9,000ロットまで生産した場合（最低販売量との差5,500ロットを生産した場合）には、
　　　製品R5,500ロットの機械加工時間：5 × 5,500 ＝27,500時間
　　となり、残り機械加工時間を超過する。したがって、残り機械加工時間で可能な限りRの生産を行う。
　　　残り機械加工時間で生産可能な製品Rの生産量：4,500 ÷ 5 ＝900ロット
　　　製品Rの生産量：3,500 ＋ 900 ＝4,400ロット

(6) Ｓの生産量

　　割り当てられる残り機械加工時間はないため、最低販売量5,000ロットが生産量となる。

　以上より、R：4,400ロット、S：5,000ロット、T：8,000ロット、U：10,000ロットが営業利益を最大化する生産量である。

講師の解き方

応用問題

第1問 理解度チェック □□□

　D社は既存製品として、R、S、T、Uを生産・販売している。製品R、S、T、Uのロット単位当たりの原価情報等は以下の資料のとおりである。生産はロット単位で行われている。下記の設問に答えよ。なお、解答にあたっては、在庫等を考慮する必要はない。

限利　
　@2,400　　@2,250　　@3,000　　@2,500
　12,000(40%)　18,000(45%)　18,000(50%)　10,000(40%)
資料

	R	S	T	U
販 売 単 価	30,000円	40,000円	36,000円	25,000円
変 動 費	18,000円	22,000円	18,000円	15,000円
機械加工時間	5 時間	8 時間	6 時間	4 時間
最低販売量	3,500ロット	5,000ロット	2,000ロット	3,000ロット
最大販売量	9,000ロット	12,000ロット	8,000ロット	10,000ロット
（差）	5,500	7,000	6,000	7,000

　なお、最低販売量とは、D社が得意先との長期契約により供給しなければいけない最低の販売量のことであり、最大販売量とは需要予測により見込まれる翌期の最大の販売量のことである。

設問1

　製品R、S、T、Uの限界利益率を求めよ（単位：%）。

> これは簡便に処理できるため、ケアレスミスのないように細心の注意を払う

設問2

　製品R、S、T、Uは翌期において第1工場で生産を行う。第1工場の最大機械加工時間が150,000時間であるとき、営業利益を最大化する製品R、S、T、Uの生産量を求めよ（単位：ロット）。

考え方

最低を作った残り時間を制約条件当たり利益の高い順に割り振れ
ばよいと判断した

考え方

セールスミックスが問われていると判断した

	R	S	T	U
最低	17,500h	40,000h	12,000h	12,000h
	⇓			
残	68,500h			
順番	③	④	①	②

T：@6 × 6,000 = 36,000　㲀 32,500h
U：@4 × 7,000 = 28,000　㲀 4,500h
R：4,500h ÷ 5 　= 900

次は全部は
作れなさそう

⇓

	R	S	T	U
	4,400	5,000	8,000	10,000
	(3,500 + 900)	(最低)	(最大)	(最大)

〈解答〉

> 1,925,000円の差額利益が発生するため、特別注文を受注すべきである。

〈解説〉

　まずは、既存の生産能力でこの特別注文が受注可能かどうかを計算する（仮に既存の生産能力で受注不可であれば、追加的な設備投資などが必要になると考えられる）。

● **受注可能か否かの検討**
- 今年度の予定機械運転時間：$6,900 \times 0.7 = 4,830$時間
- 遊休生産能力（機械運転時間）：$6,000 - 4,830 = 1,170$時間
- 製品X′追加生産量：1,000ロット
- 追加的な機械運転時間：$1,000 \times (0.7^{※1} + 0.4^{※2}) = 1,100$時間
    - ※1：製品Xを1ロット製造するための機械運転時間
    - ※2：製品X1ロットを製品X′1ロットに加工するための機械運転時間
    - ∴遊休生産能力＞追加的な機械運転時間であるため、遊休生産能力で受注可能であると判断される。

　次に、差額利益を計算し、プラスならこの注文を受注し、マイナスなら受注しないと判断する。

● **差額利益の計算**

（1）差額収益

　「売上＝1ロットあたりの単価×ロット数」より、この注文を引き受けることで発生する収益を計算する。

　差額収益：$@5,000 \times 1,000 = 5,000,000$円

（2）差額原価

　この注文を引き受けるためには、①製品Xを1,000ロット製造するためにかかるコスト、②製品Xを製品X′に追加加工するためにかかるコスト、③残業代による追加的なコストがかかるため、それぞれを計算し、合計することで差額原価を計算する。

① 製品Xの追加生産量1,000ロットを製造するのにかかるコスト
直接材料費（$@1,400 \times 1,000 = 1,400,000$）
＋直接労務費（$@700 \times 1,000 = 700,000$）
＋変動製造間接費（$@245 \times 1,000 = 245,000$）
＝2,345,000円
※　固定製造間接費については、固定費の性質上、製造量に関係なく一定でかかるものであり、また追加的な設備投資などが必要ではないため、この注文を引き受けることによって追加的にかかるものはないと考える。

② 製品Xを製品X′に追加加工するのにかかるコスト
　直接材料費（@100×1,000＝100,000）
　＋直接労務費（@1,400×0.3×1,000＝420,000）
　＋変動製造間接費（@350×0.4×1,000＝140,000）
　＝660,000円

③ 製品X′1,000ロットの受注を受けることにより発生する残業代
　@1,400×25％×超過時間200[※]＝70,000円
　※　製品Xの追加生産量1,000ロットを製造する直接作業時間（1,000×0.5）＋製品Xを製品X′
　　に追加加工する作業時間（1,000×0.3）－600＝200時間

④ 合計
　①2,345,000円＋②660,000円＋③70,000円＝3,075,000円

(3) 差額利益
　5,000,000－3,075,000円＝1,925,000円
　∴1,925,000円の差額利益が発生するため、特別注文を受注すべきである。

なお、1ロットあたりの差額利益を求めてもよい。
① 1ロットあたりの単価
　問題文より、@5,000円
② 製品Xを製造するのにかかるコスト
　直接材料費（@1,400）＋直接労務費（@700）＋変動製造間接費（@245）＝@2,345円
③ 製品Xを製品X′に追加加工するのにかかるコスト
　直接材料費（@100）＋直接労務費（@420）＋変動製造間接費（@140）＝@660円
④ 1ロットあたりの残業代
　70,000÷1,000＝@70

∴1ロットあたりの差額利益＝@5,000－@2,345－@660－@70＝@1,925円

第2問　　　　　　　　　　　　　　　　　　　　　　　　理解度チェック □□□

　D社では、製品Xを製造・販売している（今年度は6,900ロットの製造・販売を予定している）が、得意先からこの製品Xを特別仕様に加工した製品X′として1ロットあたり5,000円で1,000ロットを購入したいとの引き合いがあった。製品X′は製品Xを追加加工することにより製造される。D社では、この特別注文を引き受けるべきかどうかを判断するため、製品Xの原価資料および製品X′に関する以下のデータを収集した。

　この特別注文を受注すべきかどうか、根拠となる数値を示して述べよ。なお、今年度の製品Xおよび製品X′に割り当てられる機械運転時間は最大で6,000時間であり（製品Xの製造と製品X′への加工は同じ機械を使用して行えるものである）、製品X′を生産するために必要な製品Xは、今年度製造予定である製品Xとは別に新たに製造するものとする。

テーマ・4　業務的意思決定など

1．製品Xの原価資料

$$2,345 \times 1,000 = 2,345,000$$

	1ロットあたりの変動費	固定費
直接材料費	1,400円　　　　（計）2,345円	－
直接労務費	1,400円×0.5時間（直接作業時間）＝700円	－
製造間接費	350円×0.7時間（機械運転時間）＝245円	1,200,000円

無関連原価なので消した

2．製品X′への加工に関するデータ

$$100 \times 1,000 = 100,000$$

(1) 製品X′を1ロット製造するためには、追加的な直接材料費が100円必要となる。

(2) 製品X′を1ロット製造するためには、追加的な直接作業時間が0.3時間必要となる。なお、直接労務費は直接作業時間に応じて発生し、受注による直接作業時間の増加が600時間を超えた場合、その超過分については、賃率の25％に相当する残業手当を支払う。

(3) 製品X′を1ロット製造するためには、追加的な機械運転時間が0.4時間必要となる。

$$350 \times 0.4 \times 1,000 = 140,000$$

考え方

特別注文のためには①Xを作る②XをX′に加工するという2つの原価が必要である

┌収益──────────┐
5,000,000
（5,000×1,000）

┌原価────────────────────────┐
┌Xを作る┐　┌X→X′┐
2,345,000　(1) 100,000
　　　　　　(2) 490,000
　　　　　　(3) 140,000

3,075,000

┌利益──────────────┐
5,000,000 － 3,075,000
＝ 1,925,000
∴受注すべき

考え方

差額収益。ここは非常に簡単。一方で、差額原価は非常に難しい。3回繰り返し読んで設定を丁寧に読み取った

考え方

特別注文引受可否の意思決定と判断した。「差額収益－差額原価＝差額利益」より意思決定を行なうため、収益・原価・利益のメモを始めに用意しておいた

考え方

制約条件である。一瞬何の制約条件かを考えたが、追加注文により最大機械運転を超えてしまったら受注できないため、その計算であることに気づく

既：$6,900 \times 0.7 = 4,830$
特：$1,000 \times \underline{1.1} = \underline{1,100}$
　　　　　　　　$5,930 < 6,000$　∴生産できる。

0.7＋0.4を暗算

考え方

同時に全てを考えると混乱するので、①製品X1,000ロットをX'に加工する直接労務費と②残業手当を分けて考えることとした

① X → X'
　$1,400 \times 0.3 \times 1,000 = 420,000$
②残業
・作業時間　　　　　　　　・残業　　　　　　・残業手当
　$1,000 \times \underline{0.8} = 800$　→　　200時間　　　$1,400 \times 0.25 \times 200 = 70,000$

0.5＋0.3を暗算

③合計
　① + ② = 490,000

過去問にチャレンジ！

〈解答〉

設問1

(X)	(Y)	(Z)
71.70（%）	72（%）	70（%）

設問2

（構成比）

　　商品X：10,000／18,000　　商品Y：8,000／18,000　　商品Z：0

（求め方）

　　時間当たりの限界利益の大きいものから生産する。よって、商品X、Z、Yの順になる。しかし、商品Zは貢献利益がマイナスであるため生産しない（商品Zの変動費と個別固定費の発生を回避できる）。

　　よって、直接作業時間の余力を商品Yに割り当てることで、営業利益が16,800,000円で最大となる。

〈解説〉

設問1

与えられた表から、限界利益を計算すると次のようになる。

（単位：円）

	X	Y	Z
販売単価	5,300	5,000	5,500
変動費	1,500	1,400	1,650
限界利益	3,800	3,600	3,850
直接作業時間（時間）	0.4	0.6	0.5
個別固定費	18,000,000	17,000,000	17,000,000
共通固定費	15,000,000		

よって、各商品の限界利益率は次のようになる。

商品X：$3,800 \div 5,300 \times 100 = 71.698 \cdots \fallingdotseq \underline{71.70}$（%）

商品Y：$3,600 \div 5,000 \times 100 = \underline{72}$（%）

商品Z：$3,850 \div 5,500 \times 100 = \underline{70}$（%）

設問2

まず、各商品の単位時間あたりの限界利益は次のようになる。

商品X：3,800÷0.4時間＝9,500（円／時間）

商品Y：3,600÷0.6時間＝6,000（円／時間）

商品Z：3,850÷0.5時間＝7,700（円／時間）

単位時間あたりの限界利益が大きいものから順に生産するため、商品X、Z、Yの順になる。

次に、需要予測を限度として、商品ごとに直接作業時間を割り当てる。

	X	Y	Z
需要予測(ロット)	10,000	8,000	4,000

商品X：10,000ロット生産　→　10,000ロット×0.4時間＝4,000時間

商品Z：4,000ロット生産　→　4,000ロット×0.5時間＝2,000時間

商品Y：残りの直接作業時間＝9,600－(4,000＋2,000)＝3,600時間

なお、商品Yは、8,000ロット分の生産ができない（8,000ロット×0.6時間＝4,800時間かかるため）。よって、3,600時間÷0.6時間＝6,000ロットの生産となる。

したがって、商品Xを10,000ロット、商品Yを6,000ロット、商品Zを4,000ロット生産した場合の損益計算は次のようになる。

（単位：円）

	X	Y	Z
生産量(ロット)	10,000	6,000	4,000
単位あたり限界利益	3,800	3,600	3,850
限界利益	38,000,000	21,600,000	15,400,000
個別固定費	18,000,000	17,000,000	17,000,000
貢献利益	20,000,000	4,600,000	－ 1,600,000
貢献利益の合計	23,000,000		
営業利益	8,000,000		

ただし、商品Zの貢献利益がマイナスとなる。この場合、商品Zを生産しないことで商品Zにかかる変動費と個別固定費の発生を回避することができる。そして、商品Zを生産しないことで直接作業時間の余力が生じるため、商品Yの生産に割り当てることで、営業利益の最大化を図る（商品Yの需要予測8,000ロットをすべて生産することが可能）。

（単位：円）

	X	Y	Z
生産量(ロット)	10,000	8,000	0
単位あたり限界利益	3,800	3,600	0
限界利益	38,000,000	28,800,000	0
個別固定費	18,000,000	17,000,000	0
貢献利益	20,000,000	11,800,000	0
貢献利益の合計	31,800,000		
営業利益	16,800,000		

したがって、商品Xを10,000ロット、商品Yを8,000ロット生産することで、営業利益が最大化する。

過去問にチャレンジ！

　　　　　　　　　　　　　　　　　　　　　　　　　　理解度チェック □□□

　D社のセントラルキッチン部門における、人気商品X、Y、Zのロット単位当たり原価情報等は以下の資料のとおりである。生産はロット単位で行われている。生産したものはすべて販売可能であり、期首・期末の仕掛品などはないものとする。

　下記の設問に答えよ。

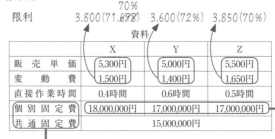

　　　　　　　　　　　　　　　　　　70%
限利　　3,800(71.6%)　3,600(72%)　3,850(70%)

資料

	X	Y	Z
販　売　単　価	5,300円	5,000円	5,500円
変　　動　　費	1,500円	1,400円	1,650円
直 接 作 業 時 間	0.4時間	0.6時間	0.5時間
個 別 固 定 費	18,000,000円	17,000,000円	17,000,000円
共 通 固 定 費	15,000,000円		

設問1

　現状におけるX、Y、Zそれぞれの限界利益率を求めよ（単位を明記し、小数点第3位を四捨五入すること）。

簡便に処理できるため、
ケアレスミスに細心の注意

注意事項をチェック

設問2

　平成27年度の需要予測がX、Y、Zの順で、10,000、8,000、4,000（それぞれロット数）と予想されている。平成27年度の工場における最大直接作業時間が年間9,600時間とした時、営業利益を最大化するX、Y、Zの生産量の構成比と、その求め方を述べよ。

— 44 —

考え方

ロット数が違うのに個別固定費にほとんど差がないことに着目した

考え方

「セグメント評価（貢献利益による評価）」＋「セールスミックス」と判断
そのため、
①貢献利益により生産の判断
②セールスミックスで生産量の判断　　　　　と計画した

①貢献利益（最大数の状態を確認）

	X	Y	Z
限利	38,000,000	28,800,000	15,400,000
個	18,000,000	17,000,000	17,000,000

この時点でZを
生産しないと判断

②セールスミックス

	X	Y	Z
	10,000	8,000	0
貢	20,000,000	11,800,000	
共	15,000,000		
利	16,800,000		

XとYのみを生産する場合
には9,600時間を超えな
いことを暗算した

設備投資の経済性計算

解答・解説

第1問

〈解答〉

設問1	100（千円）
設問2	85（千円）
設問3	100（千円）
設問4	85（千円）

〈解説〉

　正味キャッシュフロー（CF）の計算に関する問題である。税金を無視した場合、税金を考慮した場合の計算の違いを明確にする。

設問1　収支ベース（税金なし）

$$キャッシュフロー（CF）＝営業収入－営業支出$$
$$＝400－300＝100（千円）$$

　なお、減価償却費は、現金支出を伴わないのでCOFとして取り扱わないように留意する必要がある。

設問2　収支ベース（税金あり）

$$キャッシュフロー（CF）＝（営業収入－営業支出）×（1－税率）＋減価償却費×税率$$
$$＝（400－300）×（1－0.3）＋50×0.3＝\underline{85（千円）}$$

または、

$$キャッシュフロー（CF）＝（営業収入－営業支出－減価償却費）×（1－税率）＋減価償却費$$
$$＝（400－300－50）×（1－0.3）＋50＝\underline{85（千円）}$$

と利益ベースで計算してもよい。

設問3　利益ベース（税金なし）

$$キャッシュフロー（CF）＝営業利益＋減価償却費$$
$$＝50＋50＝100（千円）$$

　なお、減価償却費は、営業利益の段階ですでに差し引かれているため、足し戻す必要がある（減価償却費は、現金支出を伴わない費用である）。

設問4　利益ベース（税金あり）

$$キャッシュフロー（CF）＝税引後営業利益＋減価償却費$$
$$＝50×（1－0.3）＋50＝\underline{85（千円）}$$

〈解答〉

| 設問1 | 20（百万円） |

| 設問2 | 20（百万円） |

| 設問3 | 105（百万円） |

| 設問4 | 110（百万円） |

| 設問5 | 86（百万円） |

| 設問6 | 95（百万円） |

| 設問7 | 105（百万円） |

| 設問8 | 110（百万円） |

| 設問9 | 80（百万円） |

| 設問10 | 89（百万円） |

〈解説〉

設問1　（税金なし、売却損益なし）

売却収入20百万円であるから、これがそのままキャッシュとなる。

したがって、20百万円となる。なお、売却時の仕訳は次のとおりである。

借方科目	金額	貸方科目	金額
現　　　金	20	設　　　備	20

設問2　（税金あり、売却損益なし）

売却収入20百万円であるから、これがそのままキャッシュとなる。

したがって、20百万円となる。なお、売却時の仕訳は次のとおりである。

借方科目	金額	貸方科目	金額
現　　　金	20	設　　　備	20

※　売却損益が生じる場合に、課税関係が成り立つ。つまり、帳簿価額と同額で売却した場合
　は、売却収入がそのままキャッシュになる（売却収入に「1－税率」を乗じないこと）。

設問3 収支ベース（税金なし、売却益あり）

$$\text{キャッシュフロー(CF)} = \text{営業収入} - \text{営業支出}$$
$$= 350 - 260 = 90\text{百万円}$$

売却収入15百万円は、現金収入であるから、これを加算する。

したがって、$90 + 15 = \underline{105\text{百万円}}$ となる。なお、売却時の仕訳は次のとおりである。

借方科目	金額	貸方科目	金額
現　　金	15	設備売却益	15

※　法人税等の影響は考慮外であるため、売却損益（課税対象項目）にかかる税額は考慮する必要がない。

設問4 収支ベース（税金なし、売却損あり）

$$\text{キャッシュフロー(CF)} = \text{営業収入} - \text{営業支出}$$
$$= 350 - 260 = 90\text{百万円}$$

売却収入20百万円は、現金収入であるから、これを加算する。したがって、$90 + 20 = \underline{110\text{百万円}}$ となる。なお、売却時の仕訳は次のとおりである。

借方科目	金額	貸方科目	金額
現　　金	20	設　　備	35
設備売却損	15		

※　法人税等の影響は考慮外であるため、売却損益（課税対象項目）にかかる税額は考慮する必要がない。

設問5 収支ベース（税金あり、売却益あり）

$$\text{キャッシュフロー(CF)} = (\text{営業収入} - \text{営業支出}) \times (1 - \text{税率}) + \text{減価償却費} \times \text{税率}$$
$$= (350 - 260) \times (1 - 0.3) + 30 \times 0.3 = 72\text{百万円}$$

売却に伴うCF＝売却収入20－売却益$20 \times 0.3 = 14$百万円

したがって、$72 + 14 = \underline{86\text{百万円}}$

※　売却益×税率相当額だけ課税額が増額するため、その分CFの値が小さくなることに注意する。

設問6 収支ベース（税金あり、売却損あり）

$$\text{キャッシュフロー(CF)} = (\text{営業収入} - \text{営業支出}) \times (1 - \text{税率}) + \text{減価償却費} \times \text{税率}$$
$$= (350 - 260) \times (1 - 0.3) + 30 \times 0.3 = 72\text{百万円}$$

売却に伴うCF＝売却収入20＋売却損$10 \times 0.3 = 23$百万円

したがって、$72 + 23 = \underline{95\text{百万円}}$

※　売却損×税率相当額だけ課税額が減額するため、その課税負担軽減額分だけ、CFの値が大きくなることに注意する。

設問7 利益ベース（税金なし、売却益あり）

　　キャッシュフロー(CF)＝営業利益＋減価償却費

　　　　　　　　　　　　　＝80＋10＝90百万円

　売却収入15百万円は、現金収入であるから、これを加算する。

　したがって、90＋15＝<u>105百万円</u>

設問8 利益ベース（税金なし、売却損あり）

　　キャッシュフロー(CF)＝営業利益＋減価償却費

　　　　　　　　　　　　　＝80＋10＝90百万円

　売却収入20百万円は、現金収入であるから、これを加算する。

　したがって、90＋20＝<u>110百万円</u>

設問9 利益ベース（税金あり、売却益あり）

　　キャッシュフロー(CF)＝税引後営業利益＋減価償却費

　　　　　　　　　　　　　＝80×0.7＋10＝66百万円

　売却に伴うCF＝売却収入20－売却益20×0.3＝14百万円

　したがって、66＋14＝<u>80百万円</u>

設問10 利益ベース（税金あり、売却損あり）

　　キャッシュフロー(CF)＝税引後営業利益＋減価償却費

　　　　　　　　　　　　　＝80×0.7＋10＝66百万円

　売却に伴うCF＝売却収入20＋売却損10×0.3＝23百万円

　したがって、66＋23＝<u>89百万円</u>

【補足】投資計算における課税関係について

　事業レベルで赤字であったとしても、全社的に黒字であれば、税金の支払いが発生する。したがって、この場合には、税金の影響を考慮しなければならない。そのため、投資計算では問題文で、「全社的利益（課税所得）は十分にあるものとする」などという前提がおかれることが多い。これは、十分な課税所得があるという前提で計算せよということであり、事業として赤字であっても税金の影響を考慮して計算せよということである。なお、このような記述がなくても課税関係について特段の指示が与えられていない場合には、課税関係があるものとして計算してよい。

第3問

〈解答〉

設問1 | －370（千円）

設問2 | －440（千円）

設問3 | 123（万円）

〈解説〉

取替投資計算におけるキャッシュフローの計算に関する問題である。

〔設問1〕

差額キャッシュフロー（実質的な投資額）の計算に関する問題である。

旧設備の売却損＝帳簿価額200－売却収入100＝100

売却損に伴う節税効果＝売却損×税率＝100×0.3＝30

差額キャッシュフロー＝－500＋100＋30＝<u>－370（千円）</u>

あるいは、370（千円）でもよい。

〔設問2〕

差額キャッシュフロー（実質的な投資額）の計算に関する問題である。

旧設備の除却損＝帳簿価額200

除却損に伴う節税効果＝除却損×税率＝200×0.3＝60

差額キャッシュフロー＝－500＋60＝<u>－440（千円）</u>

あるいは、440（千円）でもよい。

〔設問3〕

新規設備の差額キャッシュフローの計算に関する問題である。新規設備のキャッシュフローと現行の設備のキャッシュフローの差額を認識する。

営業収支の増加＝150（燃料費の節約）

減価償却費計上に伴う節税効果＝減価償却費の増加×税率＝60×0.3＝18

差額キャッシュフロー＝営業収支の増加×（1－税率）＋減価償却費計上に伴う節税効果

$$＝150×（1－0.3）＋18＝\underline{123（万円）}$$

あるいは、

営業利益の増加＝150（燃料費の節約）－60（減価償却費の増加）＝90

より、

差額キャッシュフロー＝営業利益の増加分×（1－税率）＋減価償却費の増加分

$$＝90×（1－0.3）＋60＝\underline{123（万円）}$$

と計算しても同じ結果になることが確認できる。

第4問

〈解答〉

設問1	50.97（万円）
設問2	37.43（万円）
設問3	41.60（万円）
設問4	48.0985（万円）
設問5	39.0075（万円）

〈解説〉

現在価値に関する問題である。

〔設問1〕

$$X1年期首の現在価値 = \underset{X1年}{10 \times \frac{1}{1.08}} + \underset{X2年}{10 \times} \underset{2年目の複利現価係数}{0.8573} + \underset{X3年\sim X5年}{15} \times \underset{3年目の年金現価係数}{2.5771} \times \underset{2年目の複利現価係数}{0.8573}$$

$$= 50.972\cdots \doteqdot \underline{50.97}（万円）$$

※　X3〜 X5年を3年の年金現価係数で割り引いた際、どこの時点の価値になるのか留意する必
要がある。

〔設問2〕

$$X1年期首の現在価値 = \underset{X1年\sim X3年}{5} \times \underset{3年目の年金現価係数}{2.5771} + \underset{X4年\sim X6年}{12} \times \underset{3年目の年金現価係数}{2.5771} \times \underset{3年目の複利現価係数}{0.7938}$$

$$= 37.433\cdots \doteqdot \underline{37.43}（万円）$$

〔設問3〕

$$X1年期首の現在価値 = \underset{X1年}{5 \times \frac{1}{1.08}} + \underset{X2年\sim X6年}{10} \times \underset{5年目の年金現価係数}{3.9927} \times \frac{1}{1.08} = 41.599\cdots \doteqdot \underline{41.60}（万円）$$

あるいは、

$$X1年期首の現在価値 = (5 + 10 \times 3.9927) \times \frac{1}{1.08} = 41.599\cdots \doteqdot \underline{41.60}（万円）$$

〔設問4〕

$$X1年期首の現在価値 = 10 \times 4.3553 + 5 \times 0.9091 = \underline{48.0985}（万円）$$

与えられた年金現価係数表からCFの現在価値を計算する。年金現価係数で計算する場合は、CF
が同額であることが前提となる。そこで、税引後営業CFが6年間同額だと仮定したうえで、6年
の年金現価係数を用いて、現在価値に割り引くものとする。ただし、1年目のCFについては15万
円である。よって、その差（下図の黒塗り部分）を現在価値に割り引き、前述の合計額に加算する
ことになる。

※　黒塗りの部分が差額の5（万円）に該当する。

【補足】年金現価係数の取り扱いについて

　上記の計算式のほかにも、次のような計算方法がある。まず、1年目のCFを1年の年金現価係数で割り引く。次に、2年目から6年目のCFが同額であるため、5年の年金現価係数を用いて、1年目の期末時点の価値にし、さらに1年の年金現価係数（＝1年目の複利現価係数）で割り引くことで現時点の価値に割り引くことができる。

　X1年期首の現在価値 ＝ 15×0.9091＋10×3.7908×0.9091 ＝ 48.0986628（万円）

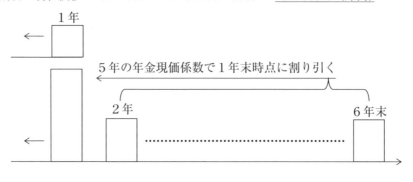

設問5

　X1年期首の現在価値 ＝ 10×4.3553－5×0.9091 ＝ 39.0075（万円）

　与えられた年金現価係数表からCFの現在価値を計算する。年金現価係数で計算する場合は、CFが同額であることが前提となる。そこで、CFが6年間同額だと仮定したうえで、6年の年金現価係数を用いて、現在価値に割り引くものとする。ただし、1年目のCFについては5万円である。よって、その差（下図の黒塗り部分）を現在価値に割り引き、前述の合計額から減算することになる。

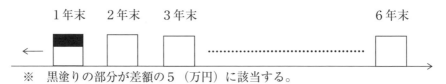

　※　黒塗りの部分が差額の5（万円）に該当する。

【補足】年金現価係数の取り扱いについて

　上記の計算式のほかにも、次のような計算方法がある。まず、1年目のCFを1年の年金現価係数で割り引く。次に、2年目から6年目のCFが同額であるため、5年の年金現価係数を用いて、1年目の期末時点の価値にし、さらに1年の年金現価係数（＝1年目の複利現価係数）で割り引くことで現時点の価値に割り引くことができる。

　X1年期首の現在価値 ＝ 5×0.9091＋10×3.7908×0.9091 ＝ 39.0076628（万円）

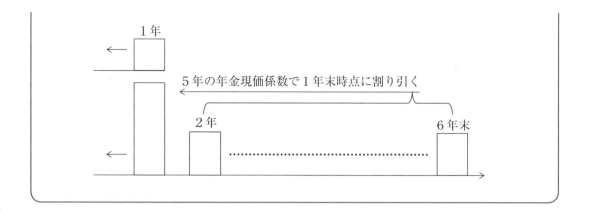

第5問

〈解答〉

> －210（万円）

〈解説〉

正味現在価値（NPV）に関する問題である。

NPV＝1,000×3.79－4,000＝－210（万円）

※　与えられた複利現価係数は使用しない（ダミー資料である）。

第6問

〈解答〉

投資案①	17.5（百万円）
投資案②	18（百万円）

〈解説〉

投資の経済性計算に関する問題である。複利現価係数と年金現価係数の取り扱いが問われている。

●投資案①のNPV

与えられている係数を用いて計算する。第1年度から第3年度まで同額ではないが、第1年度から第3年度までの正味CF（100）については、3年の年金現価係数を利用して、現在価値に割り引く。さらに、第3年度の正味CF（150）のうち、残り50を、3年目の複利現価係数を利用して、現在価値に割り引くことになる。

よって、

正味現在価値（NPV）＝100×2.58＋50×0.79－280

＝17.5（百万円）

となる。

※ 黒塗りの部分が差額（150－100）の50に該当する。

あるいは、3年の年金現価係数2.58－3年の複利現価係数0.79＝1.79は、2年の年金現価係数となることから、これを利用してもよい。

正味現在価値（NPV）＝100×1.79＋150×0.79－280
＝17.5（百万円）

●投資案②のNPV

第1年度から第3年度まで同額であるため、年金現価係数を用いる。

よって、

正味現在価値（NPV）＝100×2.58－240＝18（百万円）

となる。

第7問

〈解答〉

設問1	2.35（年）
設問2	2.82（年）
設問3	13.89（百万円）

〈解説〉

設問1

時間を考慮せずに、回収期間を求める問題である（回収期間法）。

年々の経済的効果は次のとおりである。

減価償却費：40÷4＝10

経済的効果：（50－30）×（1－0.3）＋10×0.3＝17

よって、

回収期間＝投資額40百万円÷年々のCF17百万円
＝2.352…≒2.35（年）

　時間を考慮に入れて、（割引）回収期間を求める問題である（割引回収期間法）。

　年々の経済的効果（正味CF）は、設問1と同じである。年ごとに現在価値を計算し、その累積額が投資額を越す年度を計算する。

年数	正味CF		現価係数		現在価値	累積額		投資額
1年	17百万円	×	0.9091	=	15.4547	15.4547	<	40百万円
2年	17百万円	×	0.8264	=	14.0488	29.5035	<	40百万円
3年	17百万円	×	0.7513	=	12.7721	42.2756	>	40百万円

　上記の表から、2年から3年の間で、現在価値の累計額が投資額を越すことがわかる。端数は、投資額と2年経過した時点での累計額の差額を3年目の現在価値で割って計算する。

端数部分の計算： $\dfrac{投資額と2年までの累計額の差額\quad 40-29.5035}{3年目の正味CF現在価値\quad 12.7721} = 0.821\cdots 年$

求める回収期間：2年＋端数部分　2年＋0.821…年≒<u>2.82年</u>

　正味現在価値を求める問題である。

正味現在価値＝年々の正味CF×年金現価係数－投資額

$= 17 \times (0.9091 + 0.8264 + 0.7513 + 0.6830) - 40$

$= 13.8866 \doteqdot \underline{13.89}（百万円）$

第8問

〈解答〉

設問1	△5,500（万円）

設問2	3,250（万円）

設問3	3,380（万円）

設問4	7,909.2（万円）

テーマ5 設備投資の経済性計算

103

〈解説〉

本設備更新案の全体像を図示すると以下のとおりである。

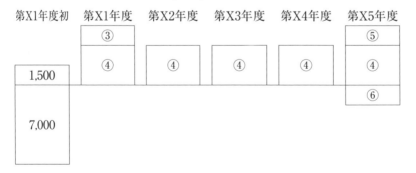

①：新設備購入価額
②：（新設備に取り替える場合の）現設備の売却価額
③：（新設備に取り替える場合の）現設備の売却損益に伴うCF
④：差額正味CF
⑤：新設備の売却CF
⑥：（現設備を使い続けた場合の）現設備の売却CF

設問1

第X1年度初めにおける新設備の購入価額から現設備の売却価額を差し引いて差額キャッシュフロー（実質投資額）を計算する。なお、実質投資額には、現設備の売却損益に伴うCF（売却損益による税額に与える影響）を含める考え方もあるが、本問では現設備の売却損益に伴うCFは第X1年度末に発生すると指示が与えられているため、新設備の購入価額から現設備の売却価額を差し引いた差額キャッシュフローを実質投資額とし、現設備の売却損益に伴うCFは第X1年度末における差額キャッシュフローとして計算していく。

実質投資額：△7,000＋1,500＝△5,500（万円）

なお、ここでの計算により、図の①と②が埋まる。

第X1年度初	第X1年度	第X2年度	第X3年度	第X4年度	第X5年度
	③				⑤
1,500	④	④	④	④	④
					⑥
7,000					

設問2

減価償却と現金収支の差額から差額キャッシュフローを計算し、現設備の売却損益に伴うキャッシュフローを加えて、第X1年度末の差額キャッシュフローを計算する。

〈減価償却費〉

現設備：$4,000 \div 10 = 400$

新設備：$7,000 \div 5 = 1,400$

差　額：$1,400 - 400 = 1,000$（万円）

〈現金収支〉

現設備：$9,000 - 5,200 = 3,800$

新設備：$16,000 - 8,200 = 7,800$

差　額：$7,800 - 3,800 = 4,000$（万円）

〈差額キャッシュフロー〉

正味CF：$4,000 \times (1 - 0.3) + 1,000 \times 0.3 = 3,100$（万円）

〈現設備の売却損益に伴うキャッシュフロー〉

売却時簿価：$4,000 - (400 \times 5) = 2,000$

売却損益：$1,500 - 2,000 = \triangle 500$（売却損）

売却損によるキャッシュフローへの影響額：$500 \times 0.3 = 150$（万円）（CIF）

〈第X1年度末の差額キャッシュフロー〉

CF：$3,100 + 150 = \underline{3,250}$（万円）

なお、ここでの計算により、図の③と④が埋まる。

第X1年度初	第X1年度	第X2年度	第X3年度	第X4年度	第X5年度
	150				⑤
1,500	3,100	3,100	3,100	3,100	3,100
7,000					⑥

新設備と現設備のそれぞれの投資の終点における売却キャッシュフローを計算し、差額正味CFと合算して、第X5年度末の差額キャッシュフローを計算する。なお、売却収入は税額に影響を与えず、売却損益は税額に影響を与える点に注意する。

〈新設備の売却キャッシュフロー〉

売却収入：400

売却損益：$400 - 0^{※} = 400$（売却益）

　　　　※　耐用年数の終わりのため、簿価は0となる。

売却益によるキャッシュフローへの影響額：$400 \times 0.3 = 120$（COF）

売却キャッシュフロー：$400 - 120 = 280$（万円）

〈旧設備の売却キャッシュフロー〉

売却収入：0

売却損益：0

∴売却キャッシュフロー：0

〈第X5年度末のキャッシュフロー〉

CF：$3,100 + 280 = \underline{3,380}$（万円）

なお、ここでの計算により、図の⑤と⑥が埋まる（正味現在価値を計算するための全ての要素が把握される）。

	第X1年度初	第X1年度	第X2年度	第X3年度	第X4年度	第X5年度
		150				280
		3,100	3,100	3,100	3,100	3,100
	1,500					
						0
	7,000					

設問4

図をもとに、将来CFを現在価値に割り引き、その合計から実質投資額を差し引くことで正味現在価値を計算する。

NPV：$3,250 \times 0.9434 + 3,100 \times (0.8900 + 0.8396 + 0.7921) + 3,380 \times 0.7473 - 5,500$

　　　$= 7,909.194 \fallingdotseq \underline{7,909.2}$（万円）

【補足】取替投資の考え方

　投資する場合は、相互排他的投資が前提であるため、新設備を導入する際には現有設備（現設備）を売却しなければならない設定が多い。よって、現時点で現設備の売却額を認識する必要がある。一方、投資しない場合は、現設備を使い続けるため、投資の終点において現設備の

売却額が生じることがある。この場合には、当該売却額は機会費用（逸失利益）として認識する必要がある。現設備の売却が2回にわたり行われているように見えるが、それぞれ意味合いが異なる点に留意する。

第9問

〈解答〉

| 設問1 | △4,200（万円） |

| 設問2 | 3,400（万円） |

〈解説〉

設問1

　売上は、販売量が15,000個で推移する場合と8,000個で推移する場合の2通りが予想されているため、それぞれの確率に基づき期待値を計算する。表にまとめると、以下のとおりとなる。

	60%	40%	（単位：万円）
	15,000個	8,000個	期待値
年当たり	45,000	24,000	$45,000 \times 0.6 + 24,000 \times 0.4 = 36,600$

販売価格3万円×15,000個＝45,000（万円）
販売価格3万円×8,000個＝24,000（万円）

　次に、コストは、下表に示すように低コストの場合と高コストの場合の2通りが予想されているため、50%の確率に基づき期待値を計算する。

（単位：万円）

	低コスト	高コスト	期待値
年当たり	11,000	25,000	$11,000 \times 0.5 + 25,000 \times 0.5 = 18,000$

　よって、毎年のCFの期待値は、次のようになる。
　36,600 − 18,000 ＝ 18,600（万円）
　したがって、3年間のNPVの期待値は、毎年のCFの期待値の合計額から初期投資60,000万円を差し引くことで計算することができる。
　NPVの期待値 ＝ 18,600 × 3（年） − 60,000 ＝ △4,200（万円）

設問2

　本問は、R&D（研究開発）費と初期投資の2つの意思決定がある。デシジョンツリーを用いて計算すると、以下のとおりとなる。
　なお、デシジョンツリーの表記方法として意思決定者が選択する行動の分岐は□で表示し、意思決定者がコントロールできない不確実な事象の分岐は○で表示する。また、選択しない行動は、二重斜線（//）でルートを閉じる。

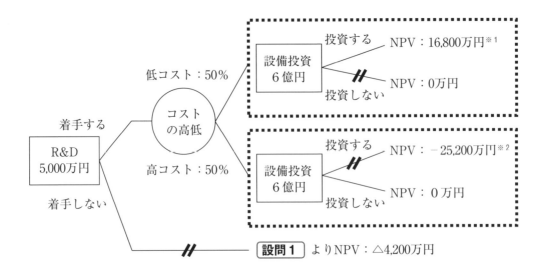

※1の計算過程：$(36,600 - 11,000) \times 3$（年）$- 60,000 = 16,800$（万円）
※2の計算過程：$(36,600 - 25,000) \times 3$（年）$- 60,000 = -25,200$（万円）

よって、NPVの期待値は
NPVの期待値 $= 16,800 \times 0.5 + 0 \times 0.5 - 5,000 = \underline{3,400}$（万円）

【別法】

設問1 を解く段階から、低コストと高コストに分けて計算すると効率的に解ける。次の表によって、設問1 と 設問2 を合わせて計算できる。

設問1

（単位：万円）

		低コスト	高コスト
各年	売上高	36,600	36,600
	コスト	11,000	25,000
	CF	25,600	11,600

	低コスト	高コスト	
CFの累計	76,800	34,800	
投資額	60,000	60,000	
NPV	16,800	$-25,200$	$16,800 \times 0.5 + (-25,200) \times 0.5 = \triangle 4,200$

設問2

高コストの場合のNPVはマイナスとなるため、投資をしないと判断する（損切が可能）。
NPVの期待値 $= 16,800 \times 0.5 + 0 \times 0.5 - R\&D費5,000 = \underline{3,400}$（万円）

第1問

〈解答〉

設問1

プロジェクト①　　　　　　　　　　　　　　　　　　　　　　　（単位：百万円）

×2期	×3期	×4期	×5期	×6期
90	90	76	76	336

プロジェクト②　　　　　　　　　　　　　　　　　　　　　　　（単位：百万円）

×2期	×3期	×4期	×5期	×6期
62	62	76	90	376

設問2

	(a)	(b)
プロジェクト①	**149.54**（百万円）	○
プロジェクト②	**108.26**（百万円）	

〈解説〉

設問1

　両プロジェクトを採用することによって増加する×2期〜×6期のキャッシュ・フロー（投資額を含まない）が問われている。

　現金収入、現金支出、減価償却費、×6期期末における売却価額よりキャッシュ・フローを計算する。

〈プロジェクト①〉
- ●減価償却費
　　建物：240÷30年＝8
　　設備・備品：120÷10年＝12
　　年間の減価償却費：8 ＋12＝20
- ●×6期期末の売却収入
　　建物：240 －（8 × 5 年）＝200
　　設備・備品：120 　（12× 5 年）＝60
　　合計：200 ＋60＝260
　　※売却収入額と簿価は同額であるため、売却損益は発生しない。
- ●税引後CF
　　「（CIF－COF－減価償却費）×（1 －税率）＋減価償却費」より計算する。
　　×2期、×3期：（400 －280 －20）×（1 －0.3）＋20＝<u>90（百万円）</u>
　　×4期、×5期：（350 －250 －20）×（1 －0.3）＋20＝<u>76（百万円）</u>

×6期：$(350-250-20) \times (1-0.3)+20+260=\underline{336（百万円）}$

〈プロジェクト②〉
●減価償却費
　建物：$(150+150) \div 30年=10$
　設備・備品：$100 \div 10年=10$
　年間の減価償却費：$10+10=20$
●×6期期末の売却収入
　建物：$(150+150)-(10 \times 5 年)=250$
　※売却価値と簿価は同額であるため、売却損益は発生しない。
　設備・備品の売却収入：30
　設備・備品の帳簿価額：$100-(10 \times 5 年)=50$
　設備・備品の売却損益：$30-50=\triangle 20$（売却損）
　設備・備品の売却損によるCFへの影響：$20 \times 0.3=6$ （CIF）
　合計：$250+30+6=286$
●税引後CF
　×2期、×3期：$(400-320-20) \times (1-0.3)+20=\underline{62（百万円）}$
　×4期：$(500-400-20) \times (1-0.3)+20=\underline{76（百万円）}$
　×5期：$(600-480-20) \times (1-0.3)+20=\underline{90（百万円）}$
　×6期：$(600-480-20) \times (1-0.3)+20+286=\underline{376（百万円）}$

[設問2]

　両プロジェクトの正味現在価値を計算し、採用すべきプロジェクト案を決定する。本投資においては、問題冒頭文より相互排他的であると読み取れるため、正味現在価値が大きいプロジェクト案を採用する。

〈プロジェクト①〉

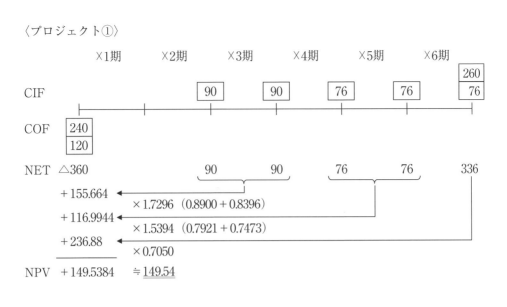

〈プロジェクト②〉

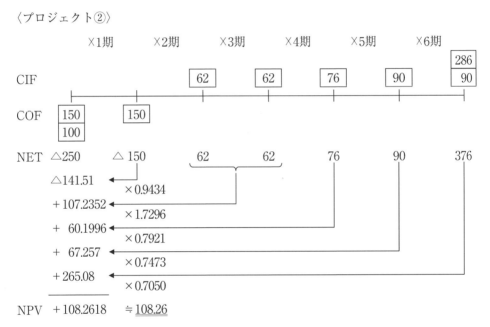

149.54（プロジェクト①）＞108.26（プロジェクト②）であるため、正味現在価値が大きい<u>プロジェクト①案を採用</u>する。

講師の解き方

応用問題

　D社では、下記のプロジェクト①もしくはプロジェクト②のいずれかのプロジェクト案を採用することを検討中であり、投資の効果を測定することとした。

　投資の内訳および減価償却に関する項目、現金収入・現金支出の予測は以下のとおりである。

　この投資の意思決定は、当初投資時点を×1期期首とする。ただし、店舗が営業を開始するのは当初投資時点から1年後であり、営業によるキャッシュフローは5年間にわたり、各期末に発生するものとする。

↗ 効果が遅れて発生するため、割引計算に注意する

設備投資の経済性計算

　この投資は当初投資時点から店舗の営業が終了するまでのキャッシュフロー予測をもとに行われる。なお、運転資本の増減は考慮しないものとする。

　計算に当たり、税率は30%とする。なお、当初投資時点に投資した建物、設備・備品については事業供用日を×2期期首とし、事業供用日から償却計算を行う。

------ 減価償却費の計算注意

〈プロジェクト①〉

（単位：百万円）

	投資額		耐用年数	残存価値	減価償却方法
	投資時点	1年後			
建物	240	－ 減8　30	30	0	定額法
設備・備品	120	－ 減12　10	10	0	定額法

※　建物、設備・備品の×6期期末における売却収入額は簿価と同額と予想される。

売却損益なし ─────→ 売却CF　260

（単位：百万円）

	投資時点	×2期	×3期	×4期	×5期	×6期
現金収入	－	400	400	350	350	350
現金支出	－	280	280	250	250	250
CF		90	90	76	76	76

現金収入・現金支出・減価償却費より電卓を用いて計算

〈プロジェクト②〉

（単位：百万円）

	投資額		耐用年数	残存価値	減価償却方法
	投資時点	1年後			
建物	150	150 減10	30	0	定額法
設備・備品	100	－ 減10	10	0	定額法

※　建物の×6期期末における売却収入額は簿価と同額と予想される。→建 250

※　設備・備品の×6期期末における売却収入額は30百万円と予想される。→設 30＋6

売却損益発生の可能性あり　→売損20×0.3

（単位：百万円）

	投資時点	×2期	×3期	×4期	×5期	×6期
現金収入	－	400	400	500	600	600
現金支出	－	320	320	400	480	480
CF		62	62	76	90	90

設問１

両プロジェクトを採用したことによって増加する各期の税引後キャッシュ・フロー（投資額を含まない）をそれぞれ計算せよ。

設問２

両プロジェクトの正味現在価値を計算して(a)欄に記入し（金額単位を百万円とし、小数点第3位を四捨五入すること）、採用すべきプロジェクトについて(b)欄に○印を付けよ。なお、資本コストは６％とし、計算においては以下の現価係数表を用いること。

複利現価係数表（割引率６％）

年	1	2	3	4	5	6
複利現価係数	0.9434	0.8900	0.8396	0.7921	0.7473	0.7050

①

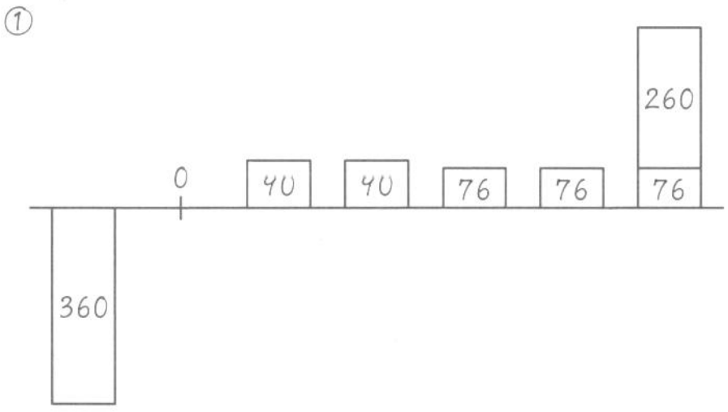

NPVの計算（電卓例）

①「(0.8900＋0.8396)×90」を「M＋(メモリープラス)」

②「(0.7921＋0.7473)×76」を「M＋」

③「(260＋76)×0.7050」を「M＋」

④「MR(メモリーリコール)」－360→149.5384

②

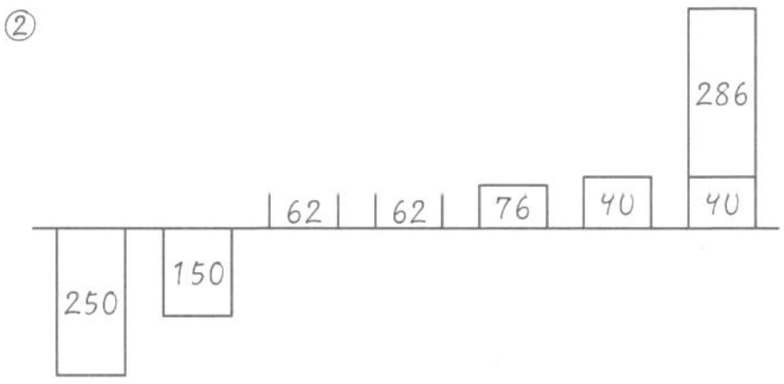

NPVの計算（電卓例）

①「250」を「M－(メモリーマイナス)」

②「150×0.9434」を「M－」

③「(0.8900＋0.8396)×62」を「M＋」

④「76×0.7921」を「M＋」

⑤「90×0.7473」を「M＋」

⑥「(286＋90)×0.7050」を「M＋」

⑦「MR」→108.2618

〈解答〉

設問1　　20.4（百万円）

設問2　　研究開発は着手するが、設備投資は製造方法 α の場合は投資し、製造方法 β の場合は投資しない。

〈解説〉

設問1

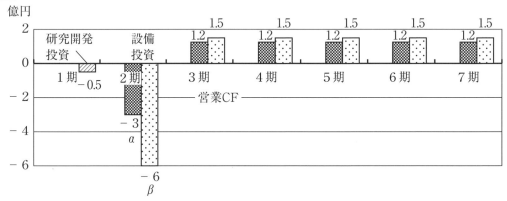

デシジョンツリーでの期待正味現在価値を求める問題である。

正味現在価値の計算は、タイムテーブルで整理すると理解しやすい。

タイムテーブル

		1期	2期	3期	4期	5期	6期	7期
	研究開発費	50						
α	営業キャッシュフロー			120	120	120	120	120
	設備投資		300					
	正味現在価値		154.896					
β	営業キャッシュフロー			150	150	150	150	150
	設備投資		600					
	正味現在価値		△31.38					

〔製造方法 α〕　2期末の営業CF＝120百万円×3.7908＝454.896百万円

　　　　　　　　営業CFの2期末正味現在価値＝454.896－300＝154.896百万円

〔製造方法 β〕　2期末の営業CF＝150百万円×3.7908＝568.62百万円

　　　　　　　　営業CFの2期末正味現在価値＝568.62－600＝△31.38百万円

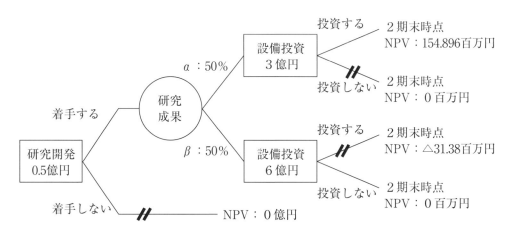

このとき、デシジョンツリーでは、ツリーの右から計算し（意思決定のパターンの決定）、最終的な解答は時系列に沿って行っていく（左からの段階的な意思決定を記載していく）。つまり、最初に製造方法 α および β にかかる設備投資の分析をする。もし、研究結果が製造方法 α であれば設備投資すべきことは明らかである。投資する場合のNPV：154.896百万円が投資しない場合のNPV：0百万円より大きいためである。同様に研究結果が製造方法 β であれば、投資する場合のNPV：△31.38百万円が投資しない場合のNPV：0百万円より小さいため投資すべきではない。よって、選択されない行動は、二重斜線（**//**）でそのルートを閉じる。

したがって、
期待NPV＝（製造方法 α の場合のNPV×製造方法 α の確率）
　　　　＋（製造方法 β の場合のNPV×製造方法 β の確率）－研究開発費
　　　　＝154.896×0.9091×50％＋0×50％－50
　　　　＝20.40…≒20.4（百万円）
である。

設問 2

投資案件の判断を求める問題である。設問1より、新商品開発プロジェクト全体の期待正味現在価値がプラスの値（20.4百万円）となるため、研究開発には着手する。製造段階の設備投資については、製造方法 α の場合は、正味現在価値がプラスになるので投資するが、製造方法 β の場合は、正味現在価値がマイナスとなるために投資すべきでない。

講師の解き方

第2問　　　　　　　　　　　　　　　　　　　　　　　理解度チェック □□□

　D社では、次のようなタイムスケジュールを持つ新商品開発プロジェクトを検討している。

　現時点はX1年度（1期）期末とし、新商品の研究開発はX1年度（1期）期末に行われ、投資額
は5,000万円である。 ← *50百万円* 研究開発の結果によって、生産は製造方法 *α* または製造方法 *β* のどちらかに
よって行われる。製造方法が *α* または *β* のいずれの結果になるかはそれぞれ確率1／2であると判
断されている。X2年度（2期）期末には、おのおのの製造方法に応じた設備投資が必要になる。
設備投資額は、製造方法 *α* の場合は3億円、製造方法 *β* の場合は6億円と見込まれている。X3年
　　　　　　　　　　　　300百万円 ←　　　　　　　*600百万円* ←
度（3期）から新製品の開発が開始され、5年間にわたって確実な営業キャッシュフローが見込ま
れる。営業キャッシュフローの大きさは、製造方法 *α* の場合には年間1.2億円、製造方法 *β* の場合
　　　　　　　　　　　　　　　　　　　　　　　　120百万円 ←
は年間1.5億円である。なお、運転資本の増減額などの他の要因は考慮する必要はない。
　150百万円 ←
　D社の経営者は、研究開発の開始の可否、および研究開発の結果として決定される製造方法に従
った設備投資を実施すべきかを意思決定しなければならない。必要な資金は保有する遊休施設の売
却によって充当する予定であり、これに関するキャッシュフローを考慮する必要はない。また、便
宜上すべてのキャッシュフローは期末に生じるものと考える。

　金額単位は百万円とし、最終結果において端数が生じた場合は、小数点第2位を四捨五入せよ。
法人税支払は考慮する必要はない。D社の加重平均資本コストは10%であり、複利現価係数と年金
現価係数は次の値を使用する。

　n＝5、r＝0.10とした場合の年金現価係数は次のとおりである。

　年金現価係数 $\sum_{i=1}^{n} \dfrac{1}{(1+r)^i} = \boxed{3.7908}$

　n＝1、r＝0.10とした場合の複利現価係数は次のとおりである。

　複利現価係数 $\dfrac{1}{(1+r)^n} = \boxed{0.9091}$

設問1

　D社のこの新製品開発プロジェクトのX1年度（1期）末での期待正味現在価値を求めよ。

> **どの時点の価値が問われているかを
> チェックする**

設問2

　D社のこの新製品開発プロジェクトの研究開発への着手および設備投資の可否について、それ
ぞれどのような意思決定を行うべきか、説明せよ。

> **それぞれの意思決定
> について明記する**

考え方

デシジョンツリーの問題では、図の右から計算し、左から意思決定を行う。
（今回の解答までの流れは、「①図を書く→②計算する→③意思決定を考える」とした。）

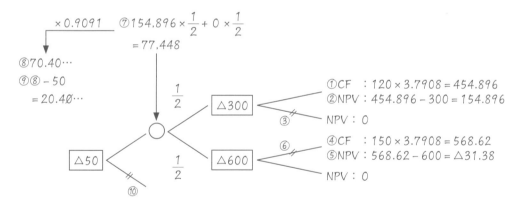

$\times 0.9091$ ⑦$154,896 \times \dfrac{1}{2} + 0 \times \dfrac{1}{2}$

$= 77,448$

⑧$70.40\cdots$

⑨⑧-50

$= 20.4\emptyset\cdots$

①CF ：$120 \times 3.7908 = 454.896$

②NPV：$454.896 - 300 = 154.896$

③ NPV：0

④CF ：$150 \times 3.7908 = 568.62$

⑤NPV：$568.62 - 600 = \triangle 31.38$

NPV：0

⑪意思決定の確認

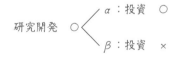

研究開発 ○
  α：投資 ○
  β：投資 ×

令和5年 第3問

〈解答〉

設問1

(1)

2,585（万円）

●各年度の経済的効果（税引後CF）
　{（1−0.4）×10,000個−2,200}×（1−0.3）+11,000÷5年×0.3＝3,320万円
●正味現在価値
　3,320×3.993+（11,000×0.1−11,000×0.1×0.3+800）×0.681−11,000
　−800×0.926＝2,585.13≒2,585万円

(2)

△5,702（万円）

99（万円）

(3)

ある　　　　ない

〔ある に○〕

設問2

(1)

620（万円）

●各年度の経済的効果（税引後CF）
　10,000個：2,660+11,000÷4年×0.3＝3,485万円
　5,000個：560+825＝1,385万円
●正味現在価値
　{3,485×（3.993−0.926）+1,570×0.681−11,000×0.926−800×0.857}×0.7
　+0×0.3＝620.2455≒620万円

(2)

正	味	現	在	価	値	が	52	1	万	円	少	な	い	た	め	初	年	度	期
首	に	は	投	資	せ	ず	販	売	量	予	想	に	応	じ	て	2	年	度	期
首	に	投	資	を	実	行	す	る	。										

〈解説〉

設問1

(1)

　初年度期首の支出（設備投資）：11,000万円

　各年度の経済的効果（税引後CF）：

　・減価償却費：11,000÷5年＝2,200万円

　・税引後CF：{（販売価格1−変動費0.4）×10,000個−固定費2,200}×（1−0.3）
　　　　　　　　+減価償却費2,200×0.3＝3,320万円

　初年度末の支出（正味運転資本への投資）：800万円

　5年度末の収入（設備の処分および正味運転資本の回収）：

- 設備の処分による収入：$11,000 \times 0.1 = 1,100$
- 設備の処分に関する税金への影響：$1,100 \times 0.3 = 330$（COF）
- 正味運転資本の回収：800
- 5年度末の収入：$= 1,100 - 330 + 800 = 1,570$万円

正味現在価値：

$3,320 \times 3.993 + 1,570 \times 0.681 - 11,000 - 800 \times 0.926 = 2,585.13$万円 ≒ 2,585万円

⑵

初年度期首の支出（設備投資）：11,000万円

各年度の経済的効果（税引後CF）：

- 減価償却費：⑴より2,200万円
- 税引後CF：$\{(1 - 0.4) \times 5,000個 - 2,200\} \times (1 - 0.3) + 2,200 \times 0.3 = 1,220$万円

初年度末の支出（正味運転資本への投資）：400万円

5年度末の収入（設備の処分および正味運転資本の回収）：

- 設備の処分による収入：⑴より1,100
- 設備の処分に関する税金への影響：⑴より330（COF）
- 正味運転資本の回収：400
- 5年度末の収入：$1,100 - 330 + 400 = 1,170$万円

正味現在価値：

$1,220 \times 3.993 + 1,170 \times 0.681 - 11,000 - 400 \times 0.926 = \triangle 5,702.17$万円 ≒ △5,702万円

⑶

⑴を0.7、⑵を0.3の確率で期待値計算する。

期待値：$2,585 \times 0.7 + \triangle 5,702 \times 0.3 = 98.9$ ≒ 99万円

∴正味現在価値の期待値がプラスであるため、投資を実行する。

設問2

⑴

〈10,000個の場合〉

2年度期首の支出（設備投資）：11,000万円

各年度の経済的効果（税引後CF）：

- 減価償却費：$11,000 \div 4年 = 2,750$万円
- 税引後CF：$\{(1 - 0.4) \times 10,000個 - 2,200\} \times (1 - 0.3) + 2,750 \times 0.3 = 3,485$万円

2年度末の支出（正味運転資本への投資）：800万円

5年度末の収入（設備の処分および正味運転資本の回収）：設問1より1,570万円

正味現在価値：

$3,485 \times (3.993 - 0.926) + 1,570 \times 0.681 - 11,000 \times 0.926 - 800 \times 0.857 = 886.065$万円

∴正味現在価値がプラスであるため投資を実行する。

〈5,000個の場合〉

2年度期首の支出（設備投資）：11,000万円

各年度の経済的効果（税引後CF）：

・減価償却費：上記より2,750万円

・税引後CF：$\{(1-0.4) \times 5,000個 - 2,200\} \times (1-0.3) + 2,750 \times 0.3 = 1,385$万円

2年度末の支出（正味運転資本への投資）：400万円

5年度末の収入（設備の処分および正味運転資本の回収）： 設問1 より1,170万円

正味現在価値：

$1,385 \times (3.993-0.926) + 1,170 \times 0.681 - 11,000 \times 0.926 - 400 \times 0.857 = \triangle 5,484.235$万円

∴正味現在価値がマイナスであるため投資を実行しない。

〈正味現在価値の期待値〉

上記に発生確率を乗じて期待値を計算する。なお、5,000個の場合には投資を実行しないため、正味現在価値は0である。

期待値：$886.065 \times 0.7 + 0 \times 0.3 = 620.2455 \doteqdot \underline{620万円}$

(2)

当該設備投資を初年度期首に実行した場合と2年度期首に実行した場合の差額正味現在価値を計算する。

差額正味現在価値：$620 - 99 = 521$万円

差額正味現在価値が2年度期首に実行した場合にプラスになるため、2年度期首に実行する場合を選択する。なお、2年度期首においては(1)のとおり、販売量が10,000個の場合には投資を実行し、5,000個の場合には投資を実行しない。

MEMO

設備投資の経済性計算

過去問にチャレンジ！

　D社は、研究開発を行ってきた男性向けアンチエイジング製品の生産に関わる設備投資を行うか否かについて検討している。

　以下の資料に基づいて各設問に答えよ。解答に当たっては、計算途中では端数処理は行わず、解答の最終段階で万円未満を四捨五入すること。また、計算結果がマイナスの場合は、△を数値の前に付けること。

解答にあたっての条件をチェック

〔資料〕

1．新製品の製造・販売に関するデータ

　現在の男性向けアンチエイジング市場の状況から、新製品の販売価格は1万円であり、初年度 (CF)
年間販売量は、0.7の確率で10,000個、0.3の確率で5,000個の販売が予想される。また、同製品に （差）0.6
対する需要は5年間を見込み、2年度から5年度の年間販売量は、初年度の実績販売量と同数とする。

（CF、VC）　　　　　　　　　　　　　　　　　　　　　　　　　　　　　　　　　　（CF、FC）
　単位当たり変動費は0.4万円であり、毎年度の現金支出を伴う年間固定費は2,200万円と予想される。減価償却費については、次の「2．設備投資に関するデータ」に基づいて計算する。

（終CF）
　初年度年間販売量ごとの正味運転資本の残高は、次のように推移すると予測している。運転資本は、5年度末に全額回収するため、5年度末の残高は「なし」となっている。なお、初年度期首における正味運転資本はない。　　（終CF）

タイミング注意

初年度販売量	初年度から4年度の各年度末残高	5年度末残高	
10,000個	800万円	なし	投CF
5,000個	400万円	なし	終CF

2．設備投資に関するデータ

減価償却　　　　　　（投CF、CF）
2,200　　設備投資額は11,000万円であり、初年度期首に支出される。減価償却は、耐用年数5年で、残存価額をゼロとする定額法による。また、5年度末の処分価額は取得原価の10%である。

終CF（1,100万円）

（設問1）

(1)

			800
	1,570	1,100
		△330

| | 3,320 | 〃 | 〃 | 〃 | 〃 |
| 11,000 | 800 |

税引後CF：(0.6×10,000－2,200)×0.7
　　　　　　＋2,200×0.3 ＝ 3,320
① 「3,320×3.993」をM＋
② 「1,570×0.681」をM＋
③ 「11,000」をM－
④ 「800×0.926」をM－
⑤ RM→2,585.13

(2)
(1)との違い
税引後CF：(0.6×5,000－2,200)×
　　　　　　0.7＋2,200×0.3 ＝ 1,220

終点CF
	400	
	1,100	}1,170
	△330	
	1,220	

(1)と同様に電卓を打つ→△5,702.17

(3)
① 「2,585×0.7」をM＋
② 「5,702×0.3」をM－
③ RM→98.9

↑投資実行

3．法人税等、キャッシュフロー、割引率に関するデータ 税金影響あり

　法人税等の税率は30%であり、D社は将来にわたって黒字を確保することが見込まれている。なお、初期投資以外のキャッシュフローは年度末に生じるものとする。

　本プロジェクトでは、最低要求収益率を8%と想定し、これを割引率とする。利子率8%の複利現価係数と年金現価係数は次のとおりであり、割引計算にはこの係数を適用する。

タイミングは通常どおり

	1年	2年	3年	4年	5年
複利現価係数	0.926	0.857	0.794	0.735	0.681	割引
年金現価係数	0.926	1.783	2.577	3.312	3.993	

$3.993 - 0.926 = 3.067$

設問1

　年間販売量が(1)10,000個の場合と、(2)5,000個の場合の正味現在価値を求めよ。(1)については、計算過程も示すこと。そのうえで、(3)当該設備投資の正味現在価値の期待値を計算し、投資の可否について、カッコ内の「ある」か「ない」に○を付して答えよ。

設問2

(1)　初年度末に2年度以降の販売量が10,000個になるか5,000個になるかが明らかになると予想される。このとき、設備投資の実行タイミングを1年遅らせる場合の当該設備投資の正味現在価値はいくらか。計算過程を示して答えよ。1年遅らせる場合、初年度の固定費は回避可能である。【CF】 また、2年度期首の正味運転資本の残高はゼロであり、【投CF】その後は資料における残高と同様【終CF】である。なお、1年遅らせる場合、設備の耐用年数は4年になるが、【CF】その残存価額および処分【CF、終CF】価額は変化しないものとする。 減価償却が2,750に変わる

(2)　上記(1)の計算結果により、当該設備投資を初年度期首に実行すべきか、2年度期首に実行すべきかについて、根拠となる数値を示しながら50字以内で説明せよ。 620 } 521　99

時制に注意

(設問2)
(1)　10,000個

				1,570
	3,485	〃	〃	〃
×	11,000	800		

① 「3,485×3.067」をM＋
② 「1,570×0.681」をM＋
③ 「11,000×0.926」をM－
④ 「800×0.857」をM－
⑤ RM→886.065
　　↑投資実行

税引後CF：(0.6×10,000－2,200)×0.7
　　　＋2,750×0.3＝3,485

5,000個
→条件からNPVがプラスになるほどのものはないと判断される
　→（時間があれば当然確かめたほうがよいが）計算するまでもなくNPVマイナス
　→投資しない→0

期待値
886.065×0.7＋0×0.3
＝620.2455

テーマ

6

企業価値、
デリバティブ取引など

◆

◆

◆

解答・解説

第1問

〈解答〉

設問1	11（％）
設問2	10.4（％）
設問3	4.05（％）
設問4	6.4（％）
設問5	7.6（％）

〈解説〉

　加重平均資本コスト（WACC）の計算に関する問題である。

設問1

　WACC＝負債割合0.4×負債コスト5％＋自己資本割合0.6×自己資本コスト15％
　　　　＝11（％）

設問2

　WACC＝負債割合0.4×（1－0.3）×負債コスト5％＋自己資本割合0.6×自己資本コスト15％
　　　　＝10.4（％）

設問3

　加重平均資本コストの問題は、資本構造（負債と自己資本）を明らかにする必要がある。自己資本比率が50％であるため、負債と自己資本の割合は1：1になる。

負　　債　　割合0.5	負債の税引前コスト3％
自己資本　　割合0.5	自己資本コスト（CAPMより）＝ 2 ＋0.8× 5 ＝ 6 ％ ※ 市場リスクプレミアムである点に注意する。

　WACC＝負債割合0.5×（1－0.3）×負債コスト3％＋自己資本割合0.5×自己資本コスト6％
　　　　＝4.05（％）

設問4

　株主資本コストは、配当割引モデルにより計算する必要がある。配当割引モデルの成長永続価値の計算式を用いる。

　　現在の株価1,000＝次期の配当80÷（株主資本コスト－成長率2％）

　　よって、

　　株主資本コスト＝80÷1,000＋成長率2％（0.02）＝0.08＋0.02＝0.1（10％）

となる。投資家の期待収益率は、企業側から考えれば株主（普通株式）の資本コストととらえるこ

とができる。

自己資本比率が50％であるため、負債と自己資本の割合は1：1になる。

負　　債　　割合0.5	負債の税引前コスト4％
自己資本　　割合0.5	自己資本コスト（配当割引モデルより）＝10％

WACC＝負債割合0.5×（1－0.3）×負債コスト4％＋自己資本割合0.5×自己資本コスト10％
　　　＝6.4（％）

設問5

加重平均資本コストの問題は、資本構造（他人資本と自己資本）を明らかにする必要がある。投資に必要な資金10億円の調達について図示すると次のようになる。

投資対象資産 10億円	他人資本	4億円	借入金の税引前コスト5％
	自己資本　新株発行	2億円	既存の株主資本コスト9％＋1％
	自己資本　内部留保	4億円	既存の株主資本コスト9％

したがって、
WACC＝（5％×4/10）＋（10％×2/10）＋（9％×4/10）
　　　＝7.6（％）となる。

第2問

〈解答〉

7.36（％）

〈解説〉

負債割合：387,374÷（387,374＋581,061）＝0.4
自己資本割合：581,061÷（387,374＋581,061）＝0.6
WACC：7％×（1－0.3）×0.4＋9％×0.6＝7.36（％）

第3問

〈解答〉

設問1	140（百万円）
設問2	155（百万円）
設問3	125（百万円）
設問4	145（百万円）

〈解説〉
設問1

　　FCF＝営業利益×（1－税率）＋減価償却費－運転資金の増加額－設備投資額
　　　　＝200×0.7＝<u>140（百万円）</u>

　なお、設備投資額は減価償却費と同額のため、相殺される。なお、<mark>支払利息を控除した経常利益ベースで計算しないよう留意する</mark>（FCFは債権者と株主の取り分を含む概念である）。

設問2

　　FCF＝営業利益×（1－税率）＋減価償却費－運転資金の増加額－設備投資額
　　　　＝200×0.7＋50－20－15＝<u>155（百万円）</u>

設問3

　　FCF＝営業利益×（1－税率）＋減価償却費－運転資金の増加額－設備投資額
① 税引後営業利益＝営業利益200×（1－税率30％）＝140
② 減価償却費40
③ 運転資金の増加額
　　運転資金＝売上債権＋棚卸資産－仕入債務
　　運転資金増加額＝当期運転資金－前期運転資金
　より、
　　－運転資金の増加額
　　　＝－売上債権の増加額15－棚卸資産の増加額20＋仕入債務の増加額10
　　　＝－25
　※　売上債権と棚卸資産の調整は、キャッシュの計算上、増加（減少）すればマイナス（プラス）になる。一方、仕入債務の調整は、キャッシュの計算上、増加（減少）すればプラス（マイナス）になる。
④ 投資額30
　　したがって、
　　FCF＝140＋40－25－30＝<u>125（百万円）</u>
　となる。

設問4

　　FCF＝営業利益×（1－税率）＋減価償却費－運転資金の増加額－設備投資額
① 税引後営業利益＝営業利益200×（1－税率30％）＝140
② 減価償却費40
③ 運転資金の増加額
　　運転資金＝売上債権＋棚卸資産－仕入債務
　　運転資金増加額＝当期運転資金－前期運転資金
　より、
　　－運転資金の増加額
　　　＝－売上債権の増加額15＋棚卸資産の減少額20－仕入債務の減少額10
　　　＝－5

④ 投資額30

　したがって、

　FCF＝140＋40－5－30＝145（百万円）

となる。

> 【補足】運転資本の増減について
>
> 　運転資本の増減では、プラス、マイナスの調整が間違いやすい。その場合は、実際に数値を設定して求めるのがよい。たとえば、前期末の売上債権をゼロとすれば、当期末の売上債権は15になる（棚卸資産、仕入債務も同様に数値を設定する）。
>
> | 前期末 | | 当期末 | |
> |---|---|---|---|
> | 売上債権　0 | 仕入債務　10 | 売上債権　15 | 仕入債務　0 |
> | 棚卸資産　20 | | 棚卸資産　0 | |
>
> 　よって、前期末の運転資本＝10、当期末の運転資本＝15より、運転資本が5増加することがわかる。

第4問

〈解答〉

設問1

（単位：万円）

X2年度	X3年度	X4年度	X5年度
219	254.7	125.4	240

設問2

3,897.1（万円）

〈解説〉

設問1

　フリーキャッシュフロー（FCF）は次の計算式で求めることができる。

> FCF＝税引後営業利益＋減価償却費－運転資本の増加額－投資額

(1) X2年度のフリーキャッシュフロー

　70（1－0.3）＋200－30＝219万円

(2) X3年度のフリーキャッシュフロー

　71（1－0.3）＋200＋5＝254.7万円

(3) X4年度のフリーキャッシュフロー

　72（1－0.3）＋200－25－100＝125.4万円

(4) X5年度のフリーキャッシュフロー

　74（1－0.3）＋220－31.8＝240万円

⑴　X6年度以降のフリーキャッシュフローのX5年度末における価値

> $$\frac{\text{X5年度のフリーキャッシュフロー}}{\text{加重平均資本コスト}}$$

$240 \div 0.06 = 4{,}000$万円

⑵　X1年度末におけるW社の企業価値（DCF法）

$219 \times 0.9434 + 254.7 \times 0.8900 + 125.4 \times 0.8396 + (240 + 4{,}000) \times 0.7921$

$= 3{,}897.07744 \fallingdotseq \underline{3{,}897.1}$万円

第5問

〈解答〉

A	ドル買い
B	ドル売り

〈解説〉

　為替予約とは、将来の一定時点において約定為替相場で外国通貨の購入または売却を行う契約をいう。たとえば、1ヵ月後に外貨建金銭債務の決済がある場合に、あらかじめ取引銀行等と為替予約を締結することにより、決済時の円貨額を確定しておけば、将来の決済時における為替相場がどのような変動をしようとも支払額が確定できる。

　輸入業者の場合、商品を仕入れるため、債務が発生する。ドル建てで商品の仕入代金を支払うため、ドルを買う必要がある。したがって、「A：ドル買い」の為替予約を行う。一方、輸出業者の場合、商品を売上げるため、債権が発生する。ドル建てで商品の売上代金を受取るため、ドルを売る必要がある。したがって、「B：ドル売り」の為替予約を行う。

第6問

〈解答〉

設問1　　　　（ドルの）プットオプションの買い

設問2　　　　（ドルの）コールオプションの買い

〈解説〉

設問1

　輸出業者の場合のリスクヘッジ手段は、「プットオプションの買い」である。たとえば、売掛金100ドルの為替変動によるリスクを回避するため、決済日に100円/ドルで、100ドルを売り渡すことのできる通貨オプション（プットオプション）を購入し、その対価としてオプション料（オプションプレミアム）を支払う。

→　オプション料は権利行使と無関係に支払う。

→　売掛金が決済されると100ドルを得ることができるが、これを円に替える場合、市場価格が100円/ドルを下回っていても（円高になったとしても）、権利行使によって100円/ドルで100ドルを売り渡すことができる。

　輸入業者の場合のリスクヘッジ手段は、「コールオプションの買い」である。たとえば、買掛金100ドルの為替変動によるリスクを回避するため、決済日に100円/ドルで、100ドルを買うことのできる通貨オプション（コールオプション）を購入し、その対価としてオプション料（オプションプレミアム）を支払う。

→　オプション料は権利行使と無関係に支払う。

→　買掛金の決済に際して100ドルを調達する必要があるが、市場価格が100円/ドルを超えていても（円安になったとしても）、権利行使によって、100円/ドルで100ドルを調達できる。

第７問

〈解答〉

ド	ル	の	プ	ッ	ト	オ	プ	シ	ョ	ン	を	購	入	す	べ	き	で	あ	る	。
そ	の	対	処	は	、	満	期	日	の	直	物	レ	ー	ト	を	行	使	価	格	
と	比	較	し	、	円	高	な	ら	権	利	を	行	使	し	、	円	安	な	ら	
権	利	を	放	棄	し	満	期	日	の	直	物	レ	ー	ト	で	売	却	す	る	。

〈解説〉

　オプションは権利行使日の直物レートにより行使するか否かを決めることができるので、為替予約と比べて、為替変動に対し柔軟に対処できる点がメリットである。なお、オプションの種類は、「コール（買う権利）とプット（売る権利）」について、「購入する（プレミアムを支払う）、売却する（プレミアムを得る）」の組み合わせである。為替リスクを回避する場合は、「オプションを購入」する必要がある。

　輸出側であるＤ社にとっては、決済日の直物レートが権利行使価格より円高になっている場合は、購入した「ドル（外貨）を一定の条件で売る権利」を行使すれば、決済日のレートより有利な条件で、ドルを売ることができる。逆に、決済日の直物レートが権利行使価格より円安になっている場合は、オプションを行使する必要はない。この場合は、決済日の直物レートでドルを売ればよいことになる。

　したがって、プットオプションの購入となる。厳密にはドルを売る権利であるため、ドルのプットオプションの購入となる。

第1問

〈解答〉

設問1

(単位：百万円)

	第7期	第8期	第9期	第10期
FCF	90	195	150	205

設問2　　2,580（百万円）

〈解説〉

設問1

FCFの計算式は、次のとおりである。

FCF＝営業利益×（1－税率）＋減価償却費－運転資本増加額－投資額

よって、第7期から第10期までのFCFは次のようになる。

(単位：百万円)

	第7期	第8期	第9期	第10期
税引後営業利益 （営業利益×0.7）	210	245	280	315
減価償却費	100	120	120	120
運転資本増加額	40	－30	50	30
投資額	180	200	200	200
FCF	90	195	150	205

設問2

① 継続価値の計算

第11期以降のFCFは、第10期のものが永久的に2％で成長することから、

第11期のFCF＝205×（1＋0.02）＝209.1（百万円）

よって、第10期末時点における継続価値は、次のように計算される。

$$継続価値 ＝ \frac{第11期のFCF}{割引率－成長率}$$

$$＝ \frac{209.1}{0.10－0.02}$$

$$＝ 2,613.75（百万円）$$

となる。

② 企業価値の計算

非事業用資産がある場合、事業用資産とは別に非事業用資産の時価を把握し、事業価値に非事業用資産の時価を加算して企業価値を計算する。理由は、DCF法による企業価値計算は、事業

活動から生じるCFをベースに計算しているため、非事業用資産（遊休不動産など）の価値が含まれていないからである。

$$企業価値 = 90 \times 0.9091 + 195 \times 0.8264 + 150 \times 0.7513 + (205 + 2{,}613.75) \times 0.6830 + 300$$
$$= 2{,}580.86825 \quad \rightarrow \quad \underline{2{,}580（百万円）} \quad ※百万円未満切り捨て$$

となる。

【補足】タイムテーブル

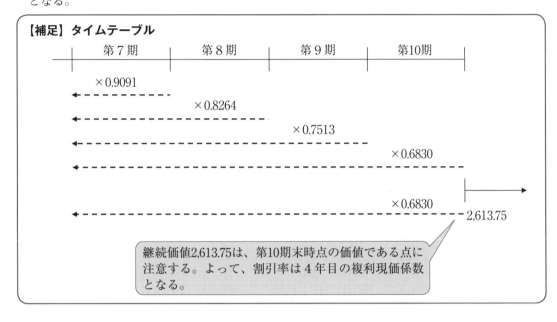

継続価値2,613.75は、第10期末時点の価値である点に注意する。よって、割引率は4年目の複利現価係数となる。

講師の解き方

応用問題

理解度チェック □□□

　D社は、自社の企業価値を計算することとなった。第7期（今年度の見込）から第10期までの必要なデータは以下のとおりである。

〈データ〉
・事業計画情報

(単位：百万円)

	第7期	第8期	第9期	第10期
営業利益	300	350	400	450
減価償却費	100	120	120	120
運転資本増加額	40	−30	50	30
設備投資額	180	200	200	200
FCF	90	195	150	205

$$\frac{209.1}{0.1-0.02}$$

継続価値　2,613.75 →

・資産負債の状況
　時価300百万円の遊休不動産を保有している。
・第11期以降のフリーキャッシュフローは、第10期のものが永久的に2％で成長すると仮定する。
・税率は30％とする。

設問1
　第7期から第10期までのフリーキャッシュフロー（FCF）を計算せよ（単位：百万円）。

設問2
　第6期末時点の企業価値を計算せよ（単位：百万円。端数が生じた場合は百万円未満を切り捨てること）。ただし、D社の加重平均資本コストは10％とし、割引計算の際には以下の係数を使用するものとする。

複利現価係数表

1年	0.9091
2年	0.8264
3年	0.7513
4年	0.6830

300「M＋」
×90「M＋」
×195「M＋」
×150「M＋」
×(205＋2,613.75)「M＋」
→「MR」2,580.8
　※切り捨て

定率成長の継続価値を計算すると読み取った

発生時点を整理して、将来のFCFを全て現在価値に割り引いて
企業価値を算出した

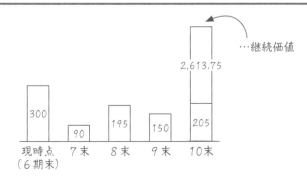

…継続価値

2,613.75

300　90　195　150　205

現時点　7末　8末　9末　10末
（6期末）

第2問

〈解答〉

設問1

> 原資産の為替差損100万円をオプションの権利を行使することにより補填すること
> ができるため、正味損失はオプション料の10万円に限定される。

設問2

> オプションの権利を放棄し、原資産の為替差益100万円を得る。そのため、為替差
> 益100万円からオプション料10万円を控除した90万円が正味利益となる。

〈解説〉

　オプション戦略に関する問題である。原資産の買い（保有）とプットオプションの買いを組み合
わせたオプション戦略を プロテクティブ・プット とよぶ。原資産を保有しているときに、原資産価
格が下落すれば損失を被る。一方、プットオプションの買いは原資産価格が下落すれば利益とな
る。この2つを組み合わせることで、原資産価格が権利行使価格より下落するときには一定の損失
で済み、原資産価格が上昇するときにはそれに付随して利益を獲得できる戦略である。

　プロテクティブ・プットは、次のように原資産の損益とオプションの損益を合成したものである
（簡便化するために、オプションプレミアムは考慮していない）。

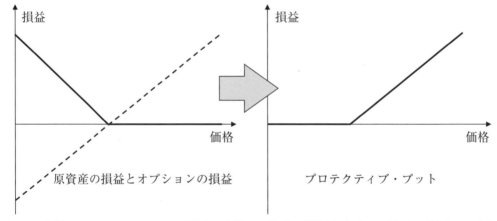

　なお、実線はプットオプションの損益、破線は原資産の損益を表す。原資産の損益は、当初の価
格より直物レートが高くなれば利益が生じ、低くなれば損失が生じるため、右上がりの直線を描く
ことになる。一方、プットオプションの損益は、権利行使価格より直物レートが低くなれば権利行
使することで利益が生じ、高くなれば権利放棄するため、権利行使価格を境に右下がりの直線と水
平な直線を描く。

設問1

　1ドル＝100円のプットオプションの購入に対して、決済日に円高（1ドル＝80円）になった場
合の正味損益が問われている。

　決済日までの為替変動により、原資産については（80−100）×50,000＝△100万円の為替差損が

136

発生する。一方で、当該オプションの権利を行使することにより、$(100-80) \times 50,000 = 100$万円の利益を得られる。したがって、オプションを行使することにより、原資産の為替差損を補填することができるため、正味損失はオプション料の10万円に限定される。

設問2

1ドル＝100円のプットオプションの購入に対して、決済日に円安（1ドル＝120円）になった場合の正味損益が問われている。

決済日までの為替変動により、原資産については$(120-100) \times 50,000 = 100$万円の為替差益が発生する。また、原資産の直物レートが権利行使価格を上回っているため、オプションを権利行使する価値はない。よって、当該オプションの権利を放棄し、直物レートで原資産の決済を行う。したがって、為替差益100万円からオプション料10万円を控除した90万円が正味利益となる。

講師の解き方

D社では、海外に拠点を有するX社からの受注を受けている。注文を受けている製品は、<u>1ロット100ドルで500ロット販売される</u>。代金は、商品の引き渡しから2カ月後にドルにより支払われる。

<u>現在の直物レートは1ドル＝100円</u>であるが、2カ月後には為替が変動するリスクがある。そこで、D社ではこの取引によるリスクを回避するために、決済日（2カ月後）に<u>1ドル100円</u>で売上分のドルを売ることができる通貨オプション（ヨーロピアンタイプのプットオプション）を購入することとした。なお、<u>オプション料は総額10万円</u>である。

５万ドルの売掛金を保有する

設問1

決済日において、<u>1ドル80円</u>になった場合の<u>正味損益</u>について述べよ（単位：万円）。

設問2

決済日において、<u>1ドル120円</u>になった場合の<u>正味損益</u>について述べよ（単位：万円）。

為替変動がなければ、５万ドルを500万円で交換できる

テーマ6　企業価値、デリバティブ取引など

「原資産損益＋オプション損益」が要求されていると読み取った

(1) 原資産　決済日　　　：　400万円　◀──　80 × 5万ドル = 400万円

　　　　　　現在　　　　：　500万円　◀──　100 × 5万ドル = 500万円

　　　　　　　　　　　　　　△100万円 …①

　　オプション　オプション料：　△10万円

　　　　　　　権利行使　　：　＋100万円　◀──　(100 − 80) × 5万ドル = 100万円

　　　　　　　　　　　　　　＋90万円 …②　80円のドルを100円で売れる。

　　① + ② = △10万円

(2) 原資産　決済日　　　：　600万円　◀──　120 × 5万ドル = 600万円

　　　　　　現在　　　　：　500万円

　　　　　　　　　　　　　　＋100万円 …③

　　オプション　オプション料：　△10万円

　　　　　　　権利行使　　：　　0万円　◀──　決済日に120円で売れるため、オプシ

　　　　　　　　　　　　　　△10万円 …④　ョンは使わない（権利行使しない）

　　③ + ④ = ＋90万円

平成30年 第2問 改題

〈解答〉

設問1

	(a)	(b)
①	3.30%	1%×(1−0.3)×324/503＋8%×179/503 ＝3.297…≒3.30（%）
②	6.27百万円	CF÷0.033＝190 CF＝190×0.033 CF＝6.27（百万円）

設問2

(a)	3.8百万円	(b)	(400−395−1)×(1−0.3)＋1 ＝3.8（百万円）

設問3

(a)	1.27%	(b)	{3.8×(1＋g)}÷(0.033−g)＝190 {3.8×(1＋g)}＝190×(0.033−g) 193.8g＝2.47 g＝0.01274…≒1.27（%）

〈解説〉

設問1

① 加重平均資本コスト（WACC）

問題文で与えられた資本コストおよび税率と、今年度の貸借対照表から資本構造割合を読み取り、WACCを計算する。

WACC：1%×(1−0.3)×324/503＋8%×179/503＝3.297…≒<u>3.30（%）</u>

② 増加した資産に対して要求されるキャッシュフロー

企業は資金を調達し、それを運用することで企業活動を行っていく。この場合、資金調達にはコストがかかるため、そのコストと資産に見合うキャッシュフローを生み出すことが企業には要求される。ここで割引キャッシュフロー法の考え方を用いると、CFを資本コストで除することで価値が算出される（たとえば、企業の価値なら「FCF÷WACC＝企業価値」となり、株価なら「配当（その株式が生み出すCF）÷期待収益率（資本コスト）＝株式の価値」となる）。この関係を計算式で表すと「CF÷資本コスト＝（資産の）価値」という式が成り立つ。よって、増加した資産に対して要求されるキャッシュフローは以下のとおりである。

要求キャッシュフロー：CF÷0.033＝190

CF＝190×0.033

CF＝<u>6.27（百万円）</u>

【補足】WACCがF社の負債・自己資本に対するものであると考えられるか

　WACCの計算においてはD社の今年度の財務諸表をもとに計算している。しかし、D社全体ではなくF社の資産及び負債をもとに計算するという解釈が成り立つかを検討する。

① 設問2 との関係

　設問2 では吸収合併が企業価値の向上につながったかどうかが問われている。これを判断するためには、設問1 ではD社全体の全社的なWACCを計算しておくのが妥当であると判断される。なぜなら、たとえ個別事業に対する要求を満たすものであっても、全社的な要求を満たすものでなければ企業の価値が向上したとは言えないためである。

② 今年度の財務諸表

　財務諸表とは、企業の利害関係者に対して企業の経営活動の内容とその結果を報告するための報告書のことであり、一般的には貸借対照表や損益計算書などのことを指す。当設問のF社資料については、資産及び負債と与えられており、この資産・負債についてのデータを財務諸表と呼ぶかは判断が悩ましい。また、F社の資料は今年度初めのデータであると考えられるため、今年度の財務諸表（資産・負債の情報なら期末の状態を指すと考えるのが妥当である）という問い方とも合致するとは判断しにくい。

設問2

　「CF＝税引後利益＋非資金費用」より増加したCFを計算する。

　増加CF：$(400 - 395 - 1) \times (1 - 0.3) + 1 = \underline{3.8}$（百万円）

設問3

　割引キャッシュフロー法の定率成長モデルを用いる（$V_E = \dfrac{CF_1}{r - g}$）。

● 1年後のCF

　設問2 で計算したCFが一定率（gで表す）で成長するものとする。

　1年後CF：$CF = 3.8 \times (1 + g)$

● 増加した資産の金額

　設問1 の表より190

● 成長率

　$\{3.8 \times (1 + g)\} \div (0.033 - g) = 190$

　$\{3.8 \times (1 + g)\} = 190 \times (0.033 - g)$

　$3.8 + 3.8g = 6.27 - 190g$

　$193.8g = 2.47$

　$g = 0.01274\cdots \fallingdotseq \underline{1.27}$（％）

【別解】

　計算の基準時点を今年度末ではなく、吸収合併時点とした場合には、以下の解答も成り立つ。

● 1年後のCF：3.8（百万円）

● 成長率

　$3.8 \div (0.033 - g) = 190$

　これを解くと、

　$g = 0.013 = \underline{1.3}$（％）

講師の解き方

過去問にチャレンジ！

平成30年　第2問　改題

理解度チェック □□□

今年度のD社の貸借対照表

（単位：百万円）

〈資産の部〉		〈負債の部〉	
流動資産	388	流動負債	290
現金及び預金	116	仕入債務	10
売上債権	237	短期借入金	35
たな卸資産	10	未払金	－
前払費用	6	未払費用	211
その他の流動資産	19	未払消費税等	19
固定資産	115	その他の流動負債	15
有形固定資産	88	固定負債	34
建物	19	負債合計	(324)
リース資産	－	〈純資産の部〉	
土地	66	資本金	50
その他の有形固定資産	3	資本剰余金	114
無形固定資産	18	利益剰余金	15
投資その他の資産	9	純資産合計	(179)
資産合計	503	負債・純資産合計	(503)

WACC

$$1\% \times (1-0.3) \times \dfrac{324}{503}$$

$$8\% \times \dfrac{179}{503}$$

$$3.297 ≒ 3.30\%$$

　D社は今年度の初めにF社を吸収合併し、インテリアのトータルサポート事業のサービスを拡充した。今年度の実績から、この吸収合併の効果を評価することになった。以下の設問に答えよ。なお、利益に対する税率は30%である。

設問1

吸収合併によってD社が取得したF社の資産及び負債は次のとおりであった。

$$190 = \frac{CF}{WACC}$$

$$190 = \frac{CF}{3.30\%}$$

（単位：百万円）

流動資産	99	流動負債	128
固定資産	91	固定負債	10
合　計	190	合　計	138

増加した資産

$CF = 6.27$百万円

①の数値を
使用してよ
いと判断

今年度の財務諸表をもとに①加重平均資本コスト（WACC）と、②吸収合併により増加した資産に対して要求されるキャッシュフロー（単位：百万円）を求め、その値を(a)欄に、計算過程を(b)欄に記入せよ。なお、株主資本に対する資本コストは8％、負債に対する資本コストは1％とする。また、(a)欄の値については小数点第3位を四捨五入すること。

設問2

インテリアのトータルサポート事業のうち、吸収合併により拡充されたサービスの営業損益に関する現金収支と非資金費用は次のとおりであった。

（単位：百万円）

収　益	収　　入	400
費　用	支　　出	395
	非資金費用	1
利　益		4

$4 \times 0.7 + 1 = 3.8$百万円

企業価値の増減を示すために、吸収合併により増加したキャッシュフロー（単位：百万円）を求め、その値を(a)欄に、計算過程を(b)欄に記入せよ。なお、運転資本の増減は考慮しない。

設問3

3.8百万円　　　　　　　　　　　　　gとする

設問2で求めたキャッシュフローが将来にわたって一定率で成長するものとする。その場合、キャッシュフローの現在価値合計が吸収合併により増加した資産の金額に一致するのは、キャッシュフローが毎年度何パーセント成長するときか。キャッシュフローの成長率を(a)欄に、計算過程を(b)欄に記入せよ。なお、(a)欄の成長率については小数点第3位を四捨五入すること。

定率成長の
継続価値

$$190 = \frac{3.8 \times (1 + g)}{0.033 - g}$$

1年後のCF

WACC $- g$

$$190(0.033 - g) = 3.8 + 3.8g$$
$$193.8g = 2.47 \qquad \therefore g = 1.274\%$$

中小企業診断士

第2次試験　事例Ⅳの解き方（第2版）

2022年6月23日　初　版　第1刷発行
2024年4月11日　第2版　第1刷発行

編　著　者	Ｔ　Ａ　Ｃ　株　式　会　社	
	（中小企業診断士講座）	
発　行　者	多　　田　　敏　　男	
発　行　所	ＴＡＣ株式会社　出版事業部	
	（ＴＡＣ出版）	

〒101-8383
東京都千代田区神田三崎町3-2-18
電 話 03（5276）9492（営業）
ＦＡＸ 03（5276）9674
https://shuppan.tac-school.co.jp

組　　版	株　式　会　社　グ　ラ　フ　ト	
印　　刷	日　新　印　刷　株　式　会　社	
製　　本	東　京　美　術　紙　工　協　業　組　合	

© TAC 2024　　　Printed in Japan

ISBN 978-4-300-11089-8
N.D.C. 335

TAC 中小企業診断士講座からのご案内

本試験を体感できる! 実力が正確にわかる!
2次実力チェック模試・2次公開模試

TACの2次公開模試は、万全な試験対策問題として徹底的に研究・開発しています。
そのレベル・規模・特典・解説・フォローの全てにおいて、受験者の皆様に自信を持っておすすめできます。実力を測る評価メジャーとして、ぜひご活用ください。

> **2次実力チェック模試…**
> ## 2024年4月28日(日)実施予定 ※詳細は3月初旬頃 TACホームページにてご案内
> **2次公開模試…**
> ## 2024年9月　1日(日)実施予定 ※詳細は7月上旬頃 TACホームページにてご案内

★ TAC 2次公開模試 3つの特長 ★

特長1
受験者数"全国最大級"の公開模試!

TACの「2次公開模試」は、全国から多くの方が受験する**全国最大級の公開模試**です。事例ごとの点数・順位、合格可能性(A〜E)を掲載した「**個人成績表**」により**自分の実力がどの位置にあるのかを正確に把握**することができます。さらに「**設問別平均データ**」も公表しますので、他の受験生がどこで得点しているかもわかります。

特長2
充実の添削指導でポイントが一目瞭然!

TACの添削指導は、単なる誤りの指摘ではなく、解答を導く「**考え方**」や手堅く得点するための「**書き方**」など事例問題攻略の"**ポイント**"を、TACならではの視点でしっかりアドバイスします。ぜひ得点力アップにつなげてください。

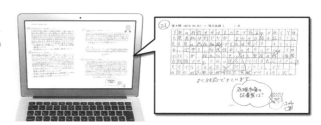

特長3
満足できる復習用コンテンツ!

TACメソッドから導かれる模範解答と詳細な解説を収録した「**模範解答集**」のほか、TAC WEB SCHOOL マイページでは、「**Web解説講義**」の無料配信や「**質問メール**」「**問題・解答用紙のPDF**」をご利用いただけます。復習にぜひお役立てください。

上記は昨年度版の画面です。

★TACメソッドとは…「出題者の意図は必ずしも正確にわかるものではない」「問題要求を特定できない場合もある」ことを前提とし、あらゆる事例で常に安定した得点ができることを狙いとしたTACオリジナルの答案作成プロセスのことです。

TAC出版 書籍のご案内

TAC出版では、資格の学校TAC各講座の定評ある執筆陣による資格試験の参考書をはじめ、資格取得者の開業法や仕事術、実務書、ビジネス書、一般書などを発行しています！

TAC出版の書籍

*一部書籍は、早稲田経営出版のブランドにて刊行しております。

資格・検定試験の受験対策書籍

- ❂日商簿記検定
- ❂建設業経理士
- ❂全経簿記上級
- ❂税 理 士
- ❂公認会計士
- ❂社会保険労務士
- ❂中小企業診断士
- ❂証券アナリスト

- ❂ファイナンシャルプランナー(FP)
- ❂証券外務員
- ❂貸金業務取扱主任者
- ❂不動産鑑定士
- ❂宅地建物取引士
- ❂賃貸不動産経営管理士
- ❂マンション管理士
- ❂管理業務主任者

- ❂司法書士
- ❂行政書士
- ❂司法試験
- ❂弁理士
- ❂公務員試験(大卒程度・高卒者)
- ❂情報処理試験
- ❂介護福祉士
- ❂ケアマネジャー
- ❂電験三種　ほか

実務書・ビジネス書

- ❂会計実務、税法、税務、経理
- ❂総務、労務、人事
- ❂ビジネススキル、マナー、就職、自己啓発
- ❂資格取得者の開業法、仕事術、営業術

一般書・エンタメ書

- ❂ファッション
- ❂エッセイ、レシピ
- ❂スポーツ
- ❂旅行ガイド (おとな旅プレミアム/旅コン)

TAC出版では、中小企業診断士試験（第1次試験・第2次試験）にスピード合格を目指す方のために、科目別、用途別の書籍を刊行しております。資格の学校TAC中小企業診断士講座とTAC出版が強力なタッグを組んで完成させた、自信作です。ぜひご活用いただき、スピード合格を目指してください。

※刊行内容・刊行月・装丁等は変更になる場合がございます。

基礎知識を固める

▶ みんなが欲しかった！シリーズ

みんなが欲しかった！
中小企業診断士　合格へのはじめの一歩
A5判　8月刊行

- フルカラーでよくわかる、「本気でやさしい入門書」！
- 試験の概要、学習プランなどのオリエンテーションと、科目別の主要論点の入門講義を収載。

みんなが欲しかった！
中小企業診断士の教科書
上：企業経営理論、財務・会計、運営管理
下：経済学・経済政策、経営情報システム、経営法務、中小企業経営・政策
A5判　10～11月刊行　**全2巻**

- フルカラーでおもいっきりわかりやすいテキスト
- 科目別の分冊で持ち運びラクラク
- 赤シートつき

みんなが欲しかった！
中小企業診断士の問題集
上：企業経営理論、財務・会計、運営管理
下：経済学・経済政策、経営情報システム、経営法務、中小企業経営・政策
A5判　10～11月刊行　**全2巻**

- 診断士の教科書に完全準拠した論点別問題集
- 各科目とも必ずマスターしたい重要過去問を約50問収載
- 科目別の分冊で持ち運びラクラク

▶ 最速合格シリーズ

科目別 全7巻
①企業経営理論
②財務・会計
③運営管理
④経済学・経済政策
⑤経営情報システム
⑥経営法務
⑦中小企業経営・中小企業政策

最速合格のための
スピードテキスト
A5判　9月～12月刊行

- 試験に合格するために必要な知識のみを集約。初めて学習する方はもちろん、学習経験者も安心して使える基本書です。

科目別 全7巻
①企業経営理論
②財務・会計
③運営管理
④経済学・経済政策
⑤経営情報システム
⑥経営法務
⑦中小企業経営・中小企業政策

最速合格のための
スピード問題集
A5判　9月～12月刊行

- 『スピードテキスト』に準拠したトレーニング問題集。テキストと反復学習していただくことで学習効果を飛躍的に向上させることができます。

受験対策書籍のご案内　TAC出版

1次試験への総仕上げ

最速合格のための
第1次試験過去問題集
A5判　12月刊行

科目別 全7巻
①企業経営理論
②財務・会計
③運営管理
④経済学・経済政策
⑤経営情報システム
⑥経営法務
⑦中小企業経営・中小企業政策

● 過去問は本試験攻略の上で、絶対に欠かせないトレーニングツールです。また、出題論点や出題パターンを知ることで、効率的な学習が可能となります。5年分の本試験問題と丁寧な解説を収載。

最速合格のための
要点整理ポケットブック
B6変形判　1月刊行

全2巻
1日目
（経済学・経済政策、財務・会計、企業経営理論、運営管理）
2日目
（経営法務、経営情報システム、中小企業経営・中小企業政策）

● 第1次試験の日程と同じ科目構成の「要点まとめテキスト」です。コンパクトサイズで、いつでもどこでも手軽に確認できます。買ったその日から本試験当日の会場まで、フル活用してください！

2次試験への総仕上げ

最速合格のための
第2次試験過去問題集
B5判　2月刊行

● 過去5年分の本試験問題を収載し、問題文の読み取り方から解答作成までのプロセスを丁寧に解説しています。抜き取り式の解答用紙付きです。最高の良問である過去問題に取り組んで、合格をたぐりよせましょう。

第2次試験事例Ⅳの解き方
B5判

● 第2次試験「事例Ⅳ」の対策のためのトレーニング問題集です。TACの現役講師による解き方手順を掲載しているので、適切な計算手順や問題文の読み取り方を知り、自身の解答プロセスを身につけることができます。

好評発売中

書籍の正誤に関するご確認とお問合せについて

書籍の記載内容に誤りではないかと思われる箇所がございましたら、以下の手順にてご確認とお問合せをしてくださいますよう、お願い申し上げます。

なお、正誤のお問合せ以外の書籍内容に関する解説および受験指導などは、一切行っておりません。

そのようなお問合せにつきましては、お答えいたしかねますので、あらかじめご了承ください。

1 「Cyber Book Store」にて正誤表を確認する

TAC出版書籍販売サイト「Cyber Book Store」の
トップページ内「正誤表」コーナーにて、正誤表をご確認ください。

CYBER BOOK STORE　TAC出版書籍販売サイト

URL：https://bookstore.tac-school.co.jp/

2 1の正誤表がない、あるいは正誤表に該当箇所の記載がない
⇒ 下記①、②のどちらかの方法で文書にて問合せをする

★ご注意ください★

お電話でのお問合せは、お受けいたしません。

①、②のどちらの方法でも、お問合せの際には、「お名前」とともに、

「対象の書籍名（○級・第○回対策も含む）およびその版数（第○版・○○年度版など）」

「お問合せ該当箇所の頁数と行数」

「誤りと思われる記載」

「正しいとお考えになる記載とその根拠」

を明記してください。

なお、回答までに1週間前後を要する場合もございます。あらかじめご了承ください。

① ウェブページ「Cyber Book Store」内の「お問合せフォーム」より問合せをする

【お問合せフォームアドレス】

https://bookstore.tac-school.co.jp/inquiry/

② メールにより問合せをする

【メール宛先　TAC出版】

syuppan-h@tac-school.co.jp

※土日祝日はお問合せ対応をおこなっておりません。

※正誤のお問合せ対応は、該当書籍の改訂版刊行月末日までといたします。

乱丁・落丁による交換は、該当書籍の改訂版刊行月末日までといたします。なお、書籍の在庫状況等により、お受けできない場合もございます。

また、各種本試験の実施の延期、中止を理由とした本書の返品はお受けいたしません。返金もいたしかねますので、あらかじめご了承くださいますようお願い申し上げます。

（2022年7月現在）

―――― 別 冊 ① ――――

　この冊子には、【問題】がとじ込まれています。一番外側の色紙（本紙）を残して、【問題】の冊子を取り外してご利用ください。

冊子を取り外す

問題

色紙

● 取り外しの際の損傷についてのお取り替えはご遠慮願います。

中小企業診断士　第2次試験
事例Ⅳの解き方　（第2版）

問　題

基礎問題

第1問　　　　　　　　　　　　　　　　　　　　　　　　理解度チェック ☐☐☐

　以下の表をもとに、代表的な財務指標の名称と計算式を記入せよ。なお、財務指標の一部には分析対象を記しており、それに基づいた指標を記入すること。

	財務指標		計算式
収益性	（売上総利益）		
	（営業利益）		
	（経常利益）		
安全性	短期		
	長期		
	調達構造		
効率性	（総資本）		
	（売上債権）		
	（棚卸資産）		
	（有形固定資産）		

第2問　　　　　　　　　　　　　　　　　　　　　　理解度チェック □□□

　以下の財務諸表を用いて、解答欄に記されている各財務指標値を計算せよ。なお、解答にあたっては単位を明記し、端数が生じる場合には小数点第3位を四捨五入すること。

貸借対照表

（単位：百万円）

資産の部		負債の部	
流　動　資　産	2,230	流　動　負　債	1,600
現金・預金	470	支払手形・買掛金	480
受取手形・売掛金	1,150	短期借入金	1,100
棚卸資産	560	その他流動負債	20
その他流動資産	50	固　定　負　債	1,730
固　定　資　産	3,190	長期借入金	1,250
建物・機械設備	2,090	その他固定負債	480
土地	950	負　債　合　計	3,330
その他の有形固定資産	150	純資産の部	
		資　　本　　金	100
		剰　　余　　金	1,990
		純　資　産　合　計	2,090
資　産　合　計	5,420	負債・純資産合計	5,420

損益計算書

（単位：百万円）

売上高	4,800
売上原価	3,870
売上総利益	930
販売費・一般管理費	815
営業利益	115
営業外収益	9
営業外費用	94
経常利益	30
法人税等	9
当期純利益	21

　有形固定資産を売却することで得た資金の全額を、長期借入金の返済にあてたとする。他の条件を一定とした場合、以下の財務指標への影響を答えよ。なお、指標が良好になるものは「↑」、悪化するものは「↓」、不変のものは「→」と記すこと。

財務指標	影響
流動比率	
当座比率	
自己資本比率	
負債比率	

　D社は、創業30年ほどの、県内に5店舗の喫茶店を展開する企業である。D社では素材にこだわったメニューが人気を博しており、特に国産米などの配合飼料を使って飼育されることにより作り出される「黄身まで白い卵」を用いた白いオムライスが看板メニューになっている。しかし、D社で使用している食材の多くが値上がりしており、それがD社社長の懸案事項である。

　D社は県内の主要な駅前のオフィス街に出店するスタイルである。D社の店舗が所在するオフィス街では、近年、立食スタイルの飲食店の出店が続いており、短時間で昼食を済ませたいというニーズを有した顧客を取り込んでいる。このことで、D社店舗のランチタイムの売上が減少しており、全社的な売上にも影響が出ている。

　このような状況を打開するために、D社では新商品開発に取り組んでいる。現在検討している新商品は、トルティーヤ風の生地で白いオムライスを包んだものであり、片手で持ち歩けるものをテイクアウトスタイルで販売することを考えている。テイクアウトスタイルでの販売を行うことで、ランチを短時間で済ませたいというニーズを有した顧客を取り込むと同時に、D社の認知度を高め、店内での飲食利用につなげたいと考えている。また、新商品は、ボリュームはあるが、生地を比較的安価に作ることができるため、販売価格に対して、既存品よりも原価をおさえることができる。

　D社の前期および当期の財務諸表は以下のとおりである。

貸借対照表

（単位：百万円）

	前期	当期		前期	当期
〈資産の部〉			〈負債の部〉		
流動資産	94	87	流動負債	57	56
現金及び預金	57	55	仕入債務	30	32
売上債権	3	2	短期借入金	21	21
棚卸資産	24	22	その他の流動負債	6	3
その他の流動資産	10	8	固定負債	132	130
固定資産	205	200	長期借入金	120	120
有形固定資産	200	195	その他の固定負債	12	10
建物	80	76	負債合計	189	186
土地	100	100	〈純資産の部〉		
その他の有形固定資産	20	19	資本金	30	30
投資その他の資産	5	5	資本剰余金	15	15
			利益剰余金	65	56
			純資産合計	110	101
資産合計	299	287	負債・純資産合計	299	287

損益計算書

（単位：百万円）

	前期	当期
売上高	240	225
売上原価	74	80
売上総利益	166	145
販売費・一般管理費	153	150
営業利益	13	△5
営業外収益	0	0
営業外費用	4	4
経常利益	9	△9
特別利益	0	0
特別損失	0	0
税引前当期純利益	9	△9
法人税等	3	0
当期純利益	6	△9

D社の財政状態および経営成績について、次の空欄の①〜⑧に当てはまる内容を記述せよ。なお、①②においては増加か減少を、⑥においては収益性に関する財務指標をそれぞれ答えよ。

・D社の収益性を分析すると、売上は（　①　）している。一方で費用は（　②　）している。費用が（　②　）している原因は、（　③　）ことである。このことにより収益性が低下していると考えられる。

・D社は県内の主要な駅前のオフィス街に出店しているが、近年はランチタイムの顧客を立食スタイルの飲食店に奪われていると考えられる。このことにより店舗の売上獲得力が低下しているため、効率性が低下していると考えられる。

・D社の安全性を分析すると、最終利益が赤字になっているために、（　④　）が減少している。このことにより、安全性が低下していると考えられる。

・D社の課題は、（　⑤　）により（　⑥　）を向上させると同時に、店内での飲食利用を増やすことで店舗の売上獲得力を向上させ、（　④　）の蓄積を行っていくことである。

・以上より課題を示す財務指標をあげると（　⑥　）（　⑦　）（　⑧　）である。

D社の当期の財務諸表を用いて、解答欄に記されている各財務指標値をそれぞれ計算せよ。なお、解答にあたっては単位を明記し、端数が生じる場合には小数点第3位を四捨五入すること。

応用問題

第1問　　　　　　　　　　　　　　　　　　　　　理解度チェック □□□

　D社は、60年前に設立されたベビー・子供用の生活関連用品の製造小売業である。D社の資本金は30百万円、従業員数は60名であり、X市近辺に12店舗を展開している。創業当時は、宮詣衣装や出産準備品を取り扱っていたが、その後子供服の販売を加えたことにより、現在では「子供衣料」と「育児・服飾雑貨」の2つの商品セグメントで事業を展開している。

　D社では、ニーズに合った商品仕入れもしくは製造を行うことにより、他社との差別化を図ってきた。また、子供の成長過程に必要な商品を全てひとつの店舗で揃えることや、通路が広く標準化されたわかりやすい売場づくりをしていることにより、買いやすさの面からも顧客の支持を集めていた。また、数量管理や納期管理の徹底による在庫コントロールに注力している。さらに、製造における継続的な合理化や、店舗における作業効率化を行うなどコスト削減に努めている。これらのことにより、近年までは安定した経営を行うことができていた。

　しかし、近年は競合各社による幼児・子供用の生活関連品のネット販売が伸張しており、D社店舗の顧客は少ない状態が続いている。とくに、共働き世帯においてネット購入が増しているとD社社長は考えており、実際にD社では「子供衣料」の売上が低い状態にある。

　また、D社が行った品揃えについての顧客アンケートによると、「子供衣料」および「育児・服飾雑貨」についての評価は高いものの、マタニティー衣料を取り扱っていないことへの不満が多く見られた。

　このような状況の中、D社ではお客様の立場に立った買いやすさの見直しおよび品質を備えた魅力ある商品開発を進めていかなければならないと考えている。なお、商品開発においては現在保有している設備に替えて新たな設備を導入することを検討している。

　以下は、当年度のD社と同業他社の財務諸表である。

貸借対照表

(単位：百万円)

	D社	同業他社		D社	同業他社
〈資産の部〉			〈負債の部〉		
流動資産	535	617	流動負債	377	460
現金・預金	220	257	仕入債務	342	380
売上債権	20	25	短期借入金	10	50
棚卸資産	250	285	その他	25	30
その他	45	50	固定負債	128	199
固定資産	457	471	長期借入金	60	120
有形固定資産	357	365	社債	0	15
建物	86	99	リース債務	8	9
機械設備	120	115	退職給付引当金	60	55
リース資産	13	15	負債合計	505	659
土地	135	130	〈純資産の部〉		
その他	3	6	資本金	30	40
投資その他の資産	100	106	資本剰余金	30	39
敷金及び保証金	55	51	利益剰余金	427	350
その他	45	55	純資産合計	487	429
資産合計	992	1,088	負債・純資産合計	992	1,088

損益計算書

(単位：百万円)

	D社	同業他社
売上高	1,545	1,716
売上原価	960	1,063
売上総利益	585	653
販売費及び一般管理費	556	570
営業利益	29	83
営業外収益	1	3
営業外費用	2	5
経常利益	28	81
特別損失	0	6
税引前当期純利益	28	75
法人税等	8	22
当期純利益	20	53

販売費及び一般管理費の明細

区分	D社		同業他社	
	金額 (百万円)	構成比 (%)	金額 (百万円)	構成比 (%)
広告宣伝費	45	8.1	40	7.0
運送費	30	5.4	33	5.8
従業員給料及び賞与	128	23.0	146	25.6
地代家賃	190	34.2	181	31.8
その他	163	29.3	170	29.8
合計	556	100	570	100

設問1

　D社および同業他社の財務諸表を用いて経営分析を行い、同業他社と比較した場合において、D社が優れていると判断できる財務指標を1つ、課題となる財務指標を2つあげ、(a)欄に名称、(b)欄に算定した数値を、それぞれ記入せよ。なお、優れている指標については①の欄に、課題となる指標については②、③の欄に、それぞれ記入すること。また、数値については、(b)欄のカッコ内に単位を明記し、小数点第3位を四捨五入すること。

設問2

　D社の財政状態および経営成績について、同業他社と比較した場合の特徴を80字以内で述べよ。

　D社は、資本金3,000万円、従業員30名のレストランである。同社は、好適地を取得し、そこに店舗を建設する出店方法を採用している。

　D社は、欧州での修行経験のある経営者が、イタリアの郷土料理に特化したレストランを10年前に開店し、事業を開始した。その後、このタイプのイタリア料理店をさらに2店舗開店させた。イタリア料理店は、落ち着いた雰囲気の中で本格的な料理を味わえるレストランとして、顧客から高い評価を受けている。

　イタリア料理店はその店舗コンセプトより、顧客の滞在時間は長い。一方で、比較的短時間で食事を済ませたいニーズを満たすために、創業から5年後に、ピザ専門店を開店させた。このピザ専門店は、開店から一定の水準の業績が続いている。

　D社は、食堂とバーが一緒になったような飲食店、いわゆるバルに目を付け、3年前にスペインバルを開店させた。同店の特徴は、スペイン料理のタパス料理のエッセンスを取り入れ、どの料理も均一価格で手頃に楽しめることであった。この店舗は高い回転率により利益を獲得していく計画であったが、想定した客数を獲得することができず、開店から赤字が続いていた。そこで、D社では当期の上半期にこのスペインバルを閉店している。なお、当店舗に係る建物や土地などは現在遊休化している。また、この店舗に従事していた従業員はイタリア料理店とピザ専門店に配置しており、資金ショートを回避するために、当期において追加的な借入を行っている。

　このような状況に対し、D社では現状の事業内容を分析し、適切な店舗展開を行っていきたいと考えている。具体的には、閉店したスペインバルをイタリア料理店もしくはピザ専門店として新たに開店させようとしている。

　D社の前期および当期の財務諸表は以下のとおりである。

貸借対照表

（単位：千円）

	前期	当期		前期	当期
〈資産の部〉			〈負債の部〉		
流動資産	19,560	68,300	流動負債	19,300	67,000
現金及び預金	17,760	66,600	仕入債務	1,500	1,400
たな卸資産	1,300	1,200	短期借入金	−	50,000
その他の流動資産	500	500	一年以内返済長期借入金	10,000	10,000
固定資産	239,740	232,000	その他の流動負債	7,800	5,600
有形固定資産	236,740	227,000	固定負債	178,000	168,500
建物	95,500	92,500	長期借入金	170,000	160,000
土地	90,000	90,000	その他の固定負債	8,000	8,500
その他の有形固定資産	51,240	44,500	負債合計	197,300	235,500
投資その他の資産	3,000	5,000	〈純資産の部〉		
			資本金	30,000	30,000
			資本剰余金	10,000	10,000
			利益剰余金	22,000	24,800
			純資産合計	62,000	64,800
資産合計	259,300	300,300	負債・純資産合計	259,300	300,300

損益計算書

（単位：千円）

	前期	当期
売上高	124,500	112,000
売上原価	37,950	30,500
売上総利益	86,550	81,500
販売費及び一般管理費	72,000	68,100
営業利益	14,550	13,400
営業外収益	3	5
営業外費用	5,400	9,500
経常利益	9,153	3,905
特別損益	0	0
税引前当期純利益	9,153	3,905
法人税等	2,703	1,105
当期純利益	6,450	2,800

設問1

　D社の前期および当期の財務諸表を用いて経営分析を行い、前期と比較した場合のD社の課題を示す財務指標のうち重要と思われるものを3つ取り上げ、それぞれについて、名称を(a)欄に、当期の財務諸表をもとに計算した財務指標の値を(b)欄に記入せよ。なお、(b)欄の値については、小数点第3位を四捨五入し、カッコ内に単位を明記すること。

設問2

設問1 で取り上げた課題が生じた原因を70字以内で述べよ。

過去問にチャレンジ！

　　　　　　　　　　　　　　　　　理解度チェック □□□

【注意事項】
　新型コロナウイルス感染症（COVID-19）とその影響は考慮する必要はない。

　D社は、約40年前に個人事業として創業され、現在は資本金3,000万円、従業員数106名の企業である。連結対象となる子会社はない。

　同社の主な事業は戸建住宅事業であり、注文住宅の企画、設計、販売を手掛けている。顧客志向を徹底しており、他社の一般的な条件よりも、多頻度、長期間にわたって引き渡し後のアフターケアを提供している。さらに、販売した物件において引き渡し後に問題が生じた際、迅速に駆け付けたいという経営者の思いから、商圏を本社のある県とその周辺の３県に限定している。このような経営方針を持つ同社は、顧客を大切にする、地域に根差した企業として評判が高く、これまでに約2,000棟の販売実績がある。一方、丁寧な顧客対応のための費用負担が重いことも事実であり、顧客対応の適正水準について模索を続けている。

　地元に恩義を感じる経営者は、「住」だけではなく「食」の面からも地域を支えたいと考え、約６年前から飲食事業を営んでいる。地元の食材を扱うことを基本として、懐石料理店２店舗と、魚介を中心に提供する和食店１店舗を運営している。さらに、今後１年の間に、２店舗目の和食店を新規開店させる計画をしている。このほか、ステーキ店１店舗と、ファミリー向けのレストラン１店舗を運営している。これら２店舗については、いずれも当期の営業利益がマイナスである。特に、ステーキ店については、前期から２期連続で営業利益がマイナスとなったことから、業態転換や即時閉店も含めて対応策を検討している。

　戸建住宅事業および飲食事業については、それぞれ担当取締役がおり、取締役の業績は各事業セグメントの当期ROI（投下資本営業利益率）によって評価されている。なお、ROIの算定に用いる各事業セグメントの投下資本として、各セグメントに帰属する期末資産の金額を用いている。

　以上の戸建住宅事業および飲食事業のほか、将来の飲食店出店のために購入した土地のうち現時点では具体的な出店計画のない土地を駐車場として賃貸している。また、同社が販売した戸建住宅の購入者を対象にしたリフォーム事業も手掛けている。リフォーム事業については、高齢化の進行とともに、バリアフリー化を主とするリフォームの依頼が増えている。同社は、これを事業の拡大を図る機会ととらえ、これまで構築してきた顧客との優良な関係を背景に、リフォーム事業の拡充を検討している。

　D社および同業他社の当期の財務諸表は以下のとおりである。

貸借対照表
（20X2年3月31日現在）

（単位：百万円）

	D社	同業他社		D社	同業他社
〈資産の部〉			〈負債の部〉		
流動資産	2,860	3,104	流動負債	2,585	1,069
現金及び預金	707	1,243	仕入債務	382	284
売上債権	36	121	短期借入金	1,249	557
販売用不動産	1,165	1,159	その他の流動負債	954	228
その他の流動資産	952	581	固定負債	651	115
固定資産	984	391	社債・長期借入金	561	18
有形固定資産	860	255	その他の固定負債	90	97
建物・構築物	622	129	負債合計	3,236	1,184
機械及び装置	19	－	〈純資産の部〉		
土地	87	110	資本金	30	373
その他の有形固定資産	132	16	資本剰余金	480	298
無形固定資産	11	17	利益剰余金	98	1,640
投資その他の資産	113	119	純資産合計	608	2,311
資産合計	3,844	3,495	負債・純資産合計	3,844	3,495

損益計算書
（20X1年4月1日～20X2年3月31日）

（単位：百万円）

	D社	同業他社
売上高	4,555	3,468
売上原価	3,353	2,902
売上総利益	1,202	566
販売費及び一般管理費	1,104	429
営業利益	98	137
営業外収益	30	26
営業外費用	53	6
経常利益	75	157
特別利益	－	－
特別損失	67	4
税金等調整前当期純利益	8	153
法人税等	△27	67
当期純利益	35	86

設問1

　D社および同業他社の当期の財務諸表を用いて比率分析を行い、同業他社と比較した場合のD社の財務指標のうち、①優れていると思われるものを1つ、②劣っていると思われるものを2つ取り上げ、それぞれについて、名称を(a)欄に、計算した値を(b)欄に記入せよ。(b)欄については、最も適切と思われる単位をカッコ内に明記するとともに、小数点第3位を四捨五入した数値を示すこと。

設問2

　D社の当期の財政状態および経営成績について、同業他社と比較した場合の特徴を60字以内で述べよ。

テーマ 2 CVP分析

基礎問題

第1問　　　　　　　　　　　　　　　　　　　　　　　理解度チェック ☐☐☐

当期の売上高と費用の内訳は次のとおりである。損益分岐点営業量（単位：個）および損益分岐点比率（単位：%）を計算せよ。

	数量(個)	単価(円)	金額(円)
売 上 高	2,000	1,000	2,000,000
変 動 費	2,000	800	1,600,000
固 定 費		−	320,000

第2問　　　　　　　　　　　　　　　　　　　　　　　理解度チェック ☐☐☐

当期の売上高と費用の内訳は次のとおりである。損益分岐点売上高（単位：円）および安全余裕率（単位：%）を計算せよ。

	数量(個)	単価(円)	金額(円)
売 上 高	1,000	1,000	1,000,000
変 動 費	1,000	400	400,000
固 定 費		−	480,000

当期の損益計算書（要旨）は次のとおりである。変動費、固定費の構造は一定とすると、経常利益の目標4,000万円を達成する売上高を計算せよ（単位：万円）。

損益計算書（要旨）

（単位：万円）

売　　上　　高	20,000
売　上　原　価	12,500
販売費及び一般管理費	4,000
営　業　利　益	3,500
営　業　外　収　益	200
営　業　外　費　用	700
経　　常　　利　　益	3,000

（以　下　省　略）

（注）　1．営業費用のうち固定費は4,500万円である。
　　　　2．売上高が変化しても営業外収益、営業外費用は一定である。

　当期の売上高が1,000万円、変動費が600万円、固定費が380万円である。目標とする損益分岐点比率を80％とするとき、固定費の削減額を計算せよ（単位：万円）。

－ 17 －

当社の次年度の直接原価計算による予想損益計算書は次のとおりである。この資料に基づいて、次年度の①販売量が10％増加したときの営業利益、②販売価格を10％値上げしたときの営業利益を計算せよ（単位：千円）。

予想損益計算書	
売　　上　　高	6,000
変　　動　　費	4,000
限　界　利　益	2,000
固　　定　　費	1,600
営　業　利　益	400

当社の当期の損益計算書は、以下のとおりであった。下記の設問に答えよ。

損益計算書
売上高　　　240,000 千円　（販売価格200円×販売数量1,200千個）
変動費　　　　96,000　　　（１個当たり変動費80円×販売数量1,200千個）
貢献利益　　144,000 千円
固定費　　　104,000
営業利益　　　40,000 千円

設問 1

当社では、次期の目標営業利益を67,000千円に設定した。他の条件を一定とすると、目標営業利益を達成するために必要な売上高を計算せよ（単位：千円）。

設問 2

次期の利益計画において、固定費を4,000千円削減するとともに、販売価格を180円に引き下げる案が検討されている。また、この案が実施されると、販売数量は1,500千個に増加することが予想される。次期の予想営業利益を計算せよ（単位：千円）。なお、他の条件は一定であるものとする。

D社のCVP分析による収益構造の把握について、次の設問に答えよ。

設問1

D社のX1年度およびX2年度の決算書データを使用して、営業利益の計算にかかわる費用を変動費と固定費に分解したいと考えている。

そこで両年度で変動費率と固定費は変わらないものとして、(a)変動費率（単位：％）と(b)固定費（単位：百万円）を計算せよ。

D社損益計算書

（単位：百万円）

	X1年度	X2年度
売上高	400	360
⋮		
⋮		
⋮		
営業利益	6	−10

設問2

設問1 の結果を踏まえてCVP分析を行った場合、D社が営業利益を0円にするためにはどれだけの売上高を確保しなければならないか、(a)欄に記入せよ。

また、売上高がX2年度のままで営業利益を0円にするためには固定費をどれだけ削減しなければならないか、(b)欄に記入せよ。なお、単位は百万円とすること。

次の損益計算書は、D社の当年度のものである。

損益計算書

（単位：百万円）

売上高	7,500
売上原価	5,700
売上総利益	1,800
販売費・一般管理費	1,644
営業利益	156
営業外収益	5
営業外費用	81
経常利益	80
法人税等	24
当期純利益	56

　D社は全社的な不確実性リスクを把握した上で、他製品に先駆けて主力製品Xの損益状況を精査し、コスト削減を図っていくこととした。

　当年度のX製品に関する損益は、D社全体損益の6割相当である。また、当年度の損益計算書における売上原価のうち2,500百万円（X製品に関する部分は1,500百万円）、販売費・一般管理費のうち1,244百万円（X製品に関する部分は746.4百万円）は固定費である。

　来年度のX製品に関する損益予測は、厳しい受注環境から販売数量が4％減少し、販売単価が5％減少する見込みである。また、製造固定費は5％減少し、固定販売費・一般管理費は56.4百万円減少する見込みである。なお、上記以外は当年度から変わらないものと仮定する。

設問1

　当年度におけるD社の営業利益をベースとした損益分岐点比率を計算せよ。

設問2

　上記の情報をもとにX製品に係る来年度の予測営業利益を計算せよ。なお、金額がマイナスになる場合は金額の前に△を付すこと。

D社のX事業部では、新規取引先の候補であるL社およびM社と次のような取引を打ち合わせ中である。以下の設問に答えよ。

設問1

L社には既存製品甲を販売する予定である。月間の販売数は100ロット、200ロット、300ロットの3つのパターンが提案されており、それぞれの場合の販売価格を以下のとおり取り決めた。

ただし、L社に対する製品甲の月間の生産量が200ロットを超過した段階で、既存の生産体制では生産能力が追いつかず、生産設備のリース料(オペレーティングリースに該当し賃貸借処理される)が月間60万円生じることになる見込みである。また、どの場合においても1ロット当たりの変動費は25千円で一定である。期首・期末の在庫については保有しないものとして、納品数量についてそれぞれの場合の増加する年間の予想営業利益を計算せよ(単位:円)。

	1ロット当たりの販売単価
100ロット/月の場合	35千円
200ロット/月の場合	32千円
300ロット/月の場合	31千円

M社には、既存製品乙を販売する予定である。この製品乙を生産するためには追加的な固定費の支出が段階的に必要になる。M社への販売において何個以上を販売すれば損益分岐点を超えるか計算せよ。なお、計算の結果、端数が生じた場合は小数点第1位を切り上げること。

販売価格		20,000円/個
変動費率		58%
固 定 費		年当たり
生産量	0個～1,500個	2,000万円
生産量	1,501個～2,000個	2,250万円
生産量	2,001個～2,500個	2,420万円
生産量	2,501個～3,000個	2,600万円
生産量	3,001個～3,500個	2,750万円
生産量	3,501個～4,000個	2,900万円

令和4年　第3問（設問1）　　　　　　　　　　　　　理解度チェック □□□

　D社は買い取った中古車の点検整備について、既存の廃車・事故車解体用工場に余裕があるため月間30台までは臨時整備工を雇い、自社で行うことができると考えている。こうした中、D社の近隣で営業している自動車整備会社から、D社による中古車買取価格の2％の料金で点検整備業務を請け負う旨の提案があった。点検整備を自社で行う場合の費用データは以下のとおりである。

〈点検整備のための費用データ（1台あたり）〉

直接労務費	6,000円
間接費	7,500円

　＊なお、間接費のうち、30％は変動費、70％は固定費の配賦額である。

　このときD社は、中古車の買取価格がいくらまでなら点検整備を他社に業務委託すべきか計算し(a)欄に答えよ（単位：円）。また、(b)欄には計算過程を示すこと。なお、本設問では在庫に関連する費用は考慮しないものとする。

テーマ 3 キャッシュフロー計算書

基礎問題

第1問

理解度チェック □□□

キャッシュフロー計算書における営業活動によるキャッシュフローの区分（間接法）で増加要因として表示されるものとして、適切なものには「○」、不適切なものには「×」を記入せよ。

① 売上債権の増加

② 棚卸資産の減少

③ 仕入債務の増加

④ 前払費用（販売費）の減少

⑤ 有形固定資産売却益

⑥ 有形固定資産の売却による収入

⑦ 短期借入金の返済による支出

　次の資料により、間接法によるキャッシュフロー計算書（営業活動によるキャッシュフローまで）を作成せよ。なお、営業外損益は、利息に関するものとする。

（損益計算書）
　・減価償却費　　　　　・営業外収益　　　　　・営業外費用
（貸借対照表）
　・売上債権の増加額　　・棚卸資産の増加額　　・仕入債務の増加額

税引前当期純利益
特別利益
特別損失
小計
法人税等の支払額
営業活動によるCF

次の資料により、キャッシュフロー計算書（営業活動によるキャッシュフローまで）を作成せよ（単位：百万円）。なお、営業外収益および費用は利息に関することであり、経過勘定については考慮する必要がない。

比較貸借対照表　　　　　　（単位：百万円）

科　目	前　期	当　期	科　目	前　期	当　期
受　取　手　形	50	55	支　払　手　形	30	35
売　　掛　　金	80	95	買　　掛　　金	45	50
棚　卸　資　産	90	105			

（単位：百万円）

税引前当期純利益	30
減価償却費	5
営業外収益	−2
営業外費用	4
小計	
利息の受取額	
利息の支払額	
法人税等の支払額	−3
営業活動によるCF	

　営業活動によるキャッシュフローを間接法により計算せよ（単位：百万円）。なお、経過勘定は考慮する必要はない。

貸借対照表　　　　　　（単位：百万円）

科　　目	前　期	当　期	科　　目	前　期	当　期
売 上 債 権	220	210	仕 入 債 務	100	90
棚 卸 資 産	135	120			

損益計算書（単位：百万円）

科　　目	金　額
減 価 償 却 費	15
営 業 利 益	44
営業外収益（受取利息）	8
営業外費用（支払利息）	12
税 引 前 当 期 純 利 益	40
法 人 税 等	12

　次の資料により、当期の損益計算書に計上される法人税等の額を計算せよ（単位：万円）。なお、当期の法人税等の支払額は、90万円である。

負　　債	期　首	期　末	損　　益	
未 払 法 人 税 等	30	43	法 人 税 等	?

　　　　　　　　　　　　　　　　　　　　　　　　理解度チェック □□□

投資活動によるキャッシュフローに関して、下記の設問に答えよ。

設問1

　当期の資産と損益に関する次の資料（単位：千円）に基づいて、有形固定資産の売却による収入を求めよ（単位：千円）。なお、有形固定資産の取得はないものとする。

資　　産	期　首	期　末	損　　益	
有形固定資産	1,800	1,500	減価償却費	200
減価償却累計額	300	350	固定資産売却損	30

設問2

　当期の資産と損益に関する次の資料（単位：千円）に基づいて、有形固定資産の売却による収入を求めよ（単位：千円）。なお、有形固定資産の取得はないものとする。

資　　産	期　首	期　末	損　　益	
有形固定資産	2,400	2,150	減価償却費	180
減価償却累計額	400	500	固定資産売却益	25

以下の株主資本等変動計算書に基づき、配当金の支払額を計算せよ（単位：百万円）。

株主資本等変動計算書
X3年3月31日　　　　　　　　　　　　（単位：百万円）

	資 本 金	株　主　資　本				株主資本合計	純資産合計
		利益剰余金					
		利益準備金	その他利益剰余金		利益剰余金合計		
			別途積立金	繰越利益剰余金			
前期末残高	400	40	40	220	300	700	700
当期変動額							
新株の発行							
剰余金の配当		2		△22	△20	△20	△20
当期純利益				18	18	18	18
当期変動額合計		2		△4	△2	△2	△2
当期末残高	400	42	40	216	298	698	698

テーマ3　キャッシュフロー計算書

応用問題

D社の2ヵ年（第5期と第6期）の財務諸表は次のとおりである。

貸借対照表

（単位：百万円）

	第5期	第6期		第5期	第6期
資産の部			負債の部		
流動資産	901	1,009	流動負債	868	885
現金・預金	91	98	支払手形・買掛金	328	333
受取手形・売掛金	400	399	短期借入金	480	492
有価証券	20	20	その他流動負債	60	60
棚卸資産	360	462	固定負債	920	940
その他流動資産	30	30	長期借入金	820	840
			その他固定負債	100	100
固定資産	1,599	1,546	負債合計	1,788	1,825
土地	1,000	1,000	純資産の部		
建物・機械設備等	549	498	資本金	50	50
投資有価証券	50	48	剰余金	662	680
			純資産合計	712	730
資産合計	2,500	2,555	負債・純資産合計	2,500	2,555

損益計算書

(単位：百万円)

	第5期	第6期
売上高	3,000	3,180
売上原価	2,200	2,320
売上総利益	800	860
販売費・一般管理費	720	740
営業利益	80	120
営業外収益（受取利息）	0	0
営業外費用（支払利息）	60	65
経常利益	20	55
特別利益	0	0
特別損失	0	5
税引前当期純利益	20	50
法人税等	8	20
当期純利益	12	30

※　第6期の特別損失は、建物・機械設備等の売却にかかるものである。

減価償却費の内訳

(単位：百万円)

	第5期	第6期
減価償却費	40	31

　D社のキャッシュフロー（CF）について、D社の財務諸表から第6期のキャッシュフロー計算書における営業キャッシュフローと投資キャッシュフローの計算過程を示せ。

X1年度（前期）およびX2年度（当期）の決算書の資料を用いて、X2年度の(a)営業活動によるキャッシュフロー、(b)投資活動によるキャッシュフローおよび(c)財務活動によるキャッシュフローを計算せよ（単位：百万円）。

貸借対照表 （単位：百万円）

資産の部	X1年度	X2年度	負債の部	X1年度	X2年度
流動資産	286	323	流動負債	185	207
現金等	81	66	支払手形・買掛金	60	68
受取手形・売掛金	80	88	短期借入金	110	124
有価証券	25	25	その他流動負債	15	15
棚卸資産	90	134	固定負債	235	235
その他流動資産	10	10	長期借入金	230	230
			その他固定負債	5	5
固定資産	415	393	負債合計	420	442
土地	120	120	純資産の部		
建物・機械設備等	270	248	資本金	200	200
投資有価証券	15	15	利益準備金	40	41
その他固定資産	10	10	別途積立金	20	20
			繰越利益剰余金	21	13
			純資産合計	281	274
資産合計	701	716	負債・純資産合計	701	716

※　土地の取得・売却はない。また、建物・機械設備等の取得はない。

損益計算書 （単位：百万円）

	X1年度	X2年度
売上高	550	599
売上原価	470	523
売上総利益	80	76
販売費・一般管理費	53	54
人件費	23	25
減価償却費	5	5
その他管理費等	25	24
営業利益	27	22
営業外収益	0	0
営業外費用	12	13
経常利益	15	9
特別利益	0	0
特別損失	0	4
税引前当期純利益	15	5
法人税等	6	2
当期純利益	9	3

※　営業外収益、費用は、全額利息関連である。

製造原価報告書 （単位：百万円）

	X1年度	X2年度
Ⅰ　材料費	230	255
Ⅱ　労務費	110	127
Ⅲ　経　費	130	141
（うち、材料廃棄損）	20	25
（うち、減価償却費）	11	10
当期製造費用	470	523
期首仕掛品棚卸高	20	20
期末仕掛品棚卸高	20	20
当期製品製造原価	470	523

株主資本等変動計算書
X3年3月31日

(単位：百万円)

	資本金	利益準備金	その他利益剰余金 別途積立金	その他利益剰余金 繰越利益剰余金	利益剰余金合計	株主資本合計	純資産合計
前期末残高	200	40	20	21	81	281	281
当期変動額							
新株の発行							
剰余金の配当		1		△11	△10	△10	△10
当期純利益				3	3	3	3
当期変動額合計		1		△8	△7	△7	△7
当期末残高	200	41	20	13	74	274	274

　　　　　　　　　　　　理解度チェック ☐☐☐

下記の財務諸表をもとにD社の×2年度の営業キャッシュフローの計算過程を示せ。

貸借対照表

（単位：百万円）

	D 社 ×1年度末	D 社 ×2年度末
資　産　の　部		
流　動　資　産	851	900
現　金　・　預　金	126	163
受取手形・売掛金	339	360
貸　倒　引　当　金	△3	△3
有　価　証　券	10	10
棚　卸　資　産	377	368
その他流動資産	2	2
固　定　資　産	425	402
土　　　　　地	162	162
建物・機械装置	689	689
減価償却累計額	△468	△490
投　資　有価証券	42	41
資　産　合　計	1,276	1,302
負　債　の　部		
流　動　負　債	578	579
支払手形・買掛金	298	285
短　期　借　入　金	198	210
未　払　法　人　税　等	2	4
その他流動負債	80	80
固　定　負　債	374	390
長　期　借　入　金	350	368
その他固定負債	24	22
負　債　合　計	952	969
純資産の部		
資　　本　　金	13	13
利　益　準　備　金	3	3
別　途　積　立　金	300	300
繰　越　利　益　剰　余　金	8	17
純　資　産　合　計	324	333
負債・純資産合計	1,276	1,302

損益計算書

（単位：百万円）

	D社 ×2年度
売　　上　　高	2,450
売　　上　原　価	1,972
売　上　総　利　益	478
販売費・一般管理費	428
営　業　利　益	50
営　業　外　収　益	5
（うち受取利息）	（ 5）
営　業　外　費　用	40
（うち支払利息）	（40）
経　常　利　益	15
特　別　利　益	―
特　別　損　失	―
税引前当期純利益	15
法　人　税　等	6
当　期　純　利　益	9

基礎問題

第1問

理解度チェック □□□

　当社の以下に掲げる次年度の部門別損益計算書に基づいて、セグメントとしての部門が各部門に共通的に発生する固定費を回収し、さらに利益を獲得することに貢献する度合を示す利益額をそれぞれ計算せよ（単位：百万円）。

（単位：百万円）

	A部門	B部門	C部門	合　計
売　　上　　高	2,000	3,200	4,000	9,200
変　　動　　費	1,080	1,900	2,900	5,880
個　別　固　定　費	540	1,180	900	2,620
共通固定費配賦額	280	240	120	640
純　　利　　益	100	−120	80	60

D社では、製品別組織を採用しているが、製品別の採算性を管理しておらず、結果として部門別の業績を把握できていない。そのため、いくつかの部門の原価情報を収集し、業績を計算することにした。

次の3部門の業績に関して、下記の設問に答えよ。

（単位：千円）

	S部門	T部門	U部門
売　　上　　高	50,000	35,000	40,000
材　　料　　費	24,000	14,000	16,000
労　　務　　費	20,000	14,000	16,000
減　価　償　却　費	6,600	6,250	4,750

なお、材料費、労務費を変動費とし、減価償却費は個別固定費とする。

設問1

①S部門、②T部門、③U部門ごとの(a)限界利益率および(b)貢献利益率を計算せよ（単位：%、端数が生じた場合は小数点第3位を四捨五入すること）。

設問2

設問1の分析結果からどの部門を撤退すべきかの判断について、どのような点に着目しどのように評価をすべきか、その内容を40字以内で説明せよ。

D社の第3設備では、X、Y、Zの3種類の製品を製造している。製品別の損益計算書は以下のとおりである。

（単位：百万円）

	製品X	製品Y	製品Z
売　　上　　高	700	900	1200
変　　動　　費	250	400	560
限　界　利　益	450	500	640
個　別　固　定　費	200	300	400
共　通　固　定　費	175	175	280
営業利益（損失）	75	25	△40

※　共通固定費は販売量に基づいて配賦している。

製品XとYは利益を上げているが、製品Zは赤字である。そこで、製品Zの製造を中止してはどうかとの検討を行うことにした。製品Zを廃止すべきかどうかについての計算過程を(a)欄に示し、結論を理由とともに(b)欄に60字以内で述べよ。なお、製品Zの製造中止によって、製品XとYの販売量等は全く影響を受けないと仮定する。

次の資料に基づいて、①X社および②Y社の営業レバレッジを計算せよ。

（単位：百万円）

	X社	Y社
売　　上　　高	1,000	1,000
変　　動　　費	400	200
限　界　利　益	600	800
固　　定　　費	200	400
営　業　利　益	400	400

　D社と同業他社の比較を営業レバレッジの観点から行い、80字以内で説明せよ。なお、D社の変動費率は40％であり、同業他社は60％であるものとする。

（単位：百万円）

	D　社	同業他社
売　　上　　高	2,400	2,400
売　上　原　価	1,700	2,000
売　上　総　利　益	700	400
販売費・一般管理費	600	300
営　業　利　益	100	100

　次の製品別の販売価格および原価等のデータに基づき、最大可能な設備稼働時間が800時間であるとき、限界利益を最大にする各製品の実現可能な販売数量の組み合わせを計算せよ（単位：個）。

	製　品　A	製　品　B	製　品　C
販売価格	6,000円	8,600円	11,000円
単位あたり変動費	3,000円	4,200円	5,400円
単位あたり設備稼働時間	1時間	2時間	4時間
最大可能販売数量	200個	200個	200個

　D社は特殊機械をリースすることで、外注していた業務の内製化を検討している。これにより取引先に対して即納ができるようになり、受注量が増加すると見込まれる。内製化についての資料は次のとおりである。

（資料）

・特殊機械のリース料　10百万円／年

　（オペレーティングリースに該当し、会計上賃貸借処理される）

・特殊機械を配置する倉庫に生じる現金支出固定費　5百万円／年

　（以前から保有するもので、現金支出固定費の年額は以前と変わらない。倉庫の一部を内製化のために転用する）

・内製業務に携わる従業員の人件費のうち既存従業員分　15百万円／年

　（既存業務と兼務し、内製化前と同額の給与である）

・内製業務に携わる従業員の人件費のうち新規採用の従業員分　6百万円／年

・増加する限界利益額　18百万円／年

　以上の資料をもとに、外注していた業務を内製化した場合の年間の差額利益または差額損失を計算せよ（差額損失の場合は－を金額の前につけること。単位：百万円）。なお、法人税の影響は考慮せず、内製化による既存業務への影響はないものとする。

以下の各設問において、特別注文引き受け可否の意思決定について判断せよ。

設問1

・現在の生産量　10,000単位

・余剰生産能力　2,000単位

・販売価格200円、1単位当たり変動費140円、固定費400,000円

・新規顧客より、販売価格160円で2,000単位の特別注文が入った。

・特別注文に応じることで固定費および他の顧客への販売に影響は与えない。

設問2

・現在の生産量　10,000単位

・余剰生産能力　2,000単位

・販売価格200円、1単位当たり変動費140円、固定費400,000円

・新規顧客より、販売価格160円で4,000単位の特別注文が入った。なお、特別注文については部分的に注文を引き受けることはできない。

・特別注文に応じることで固定費への影響はないが、現在の販売分を減らすことで対応する。

設問3

・現在の生産量　10,000単位

・余剰生産能力　2,000単位

・販売価格200円、1単位当たり変動費140円、固定費400,000円

・新規顧客より、販売価格160円で2,000単位の特別注文が入った。

・特別注文に応じることで固定費への影響はないが、現在の販売分10,000単位について、販売単価を190円に引き下げなければならない。

D社は既存製品として、R、S、T、Uを生産・販売している。製品R、S、T、Uのロット単位当たりの原価情報等は以下の資料のとおりである。生産はロット単位で行われている。下記の設問に答えよ。なお、解答にあたっては、在庫等を考慮する必要はない。

資料

	R	S	T	U
販 売 単 価	30,000円	40,000円	36,000円	25,000円
変 動 費	18,000円	22,000円	18,000円	15,000円
機械加工時間	5時間	8時間	6時間	4時間
最 低 販 売 量	3,500ロット	5,000ロット	2,000ロット	3,000ロット
最 大 販 売 量	9,000ロット	12,000ロット	8,000ロット	10,000ロット

なお、最低販売量とは、D社が得意先との長期契約により供給しなければいけない最低の販売量のことであり、最大販売量とは需要予測により見込まれる翌期の最大の販売量のことである。

設問1

製品R、S、T、Uの限界利益率を求めよ（単位：％）。

設問2

製品R、S、T、Uは翌期において第1工場で生産を行う。第1工場の最大機械加工時間が150,000時間であるとき、営業利益を最大化する製品R、S、T、Uの生産量を求めよ（単位：ロット）。

　D社では、製品Xを製造・販売している（今年度は6,900ロットの製造・販売を予定している）が、得意先からこの製品Xを特別仕様に加工した製品X′として1ロットあたり5,000円で1,000ロットを購入したいとの引き合いがあった。製品X′は製品Xを追加加工することにより製造される。D社では、この特別注文を引き受けるべきかどうかを判断するため、製品Xの原価資料および製品X′に関する以下のデータを収集した。

　この特別注文を受注すべきかどうか、根拠となる数値を示して述べよ。なお、今年度の製品Xおよび製品X′に割り当てられる機械運転時間は最大で6,000時間であり（製品Xの製造と製品X′への加工は同じ機械を使用して行えるものである）、製品X′を生産するために必要な製品Xは、今年度製造予定である製品Xとは別に新たに製造するものとする。

1．製品Xの原価資料

	1ロットあたりの変動費	固定費
直接材料費	1,400円	－
直接労務費	1,400円×0.5時間（直接作業時間）＝700円	－
製造間接費	350円×0.7時間（機械運転時間）＝245円	1,200,000円

2．製品X′への加工に関するデータ
　⑴　製品X′を1ロット製造するためには、追加的な直接材料費が100円必要となる。
　⑵　製品X′を1ロット製造するためには、追加的な直接作業時間が0.3時間必要となる。なお、直接労務費は直接作業時間に応じて発生し、受注による直接作業時間の増加が600時間を超えた場合、その超過分については、賃率の25％に相当する残業手当を支払う。
　⑶　製品X′を1ロット製造するためには、追加的な機械運転時間が0.4時間必要となる。

理解度チェック □□□

　D社のセントラルキッチン部門における、人気商品X、Y、Zのロット単位当たり原価情報等は以下の資料のとおりである。生産はロット単位で行われている。生産したものはすべて販売可能であり、期首・期末の仕掛品などはないものとする。

　下記の設問に答えよ。

資料

	X	Y	Z
販　売　単　価	5,300円	5,000円	5,500円
変　　動　　費	1,500円	1,400円	1,650円
直 接 作 業 時 間	0.4時間	0.6時間	0.5時間
個 別 固 定 費	18,000,000円	17,000,000円	17,000,000円
共 通 固 定 費	15,000,000円		

設問1

　現状におけるX、Y、Zそれぞれの限界利益率を求めよ（単位を明記し、小数点第3位を四捨五入すること）。

設問2

　平成27年度の需要予測がX、Y、Zの順で、10,000、8,000、4,000（それぞれロット数）と予想されている。平成27年度の工場における最大直接作業時間が年間9,600時間とした時、営業利益を最大化するX、Y、Zの生産量の構成比と、その求め方を述べよ。

テーマ 5 設備投資の経済性計算

基礎問題

第1問

投資計算における正味キャッシュフロー（経済的効果）につき、以下の設問に答えよ。

設問1

次の資料に基づき、正味キャッシュフローを計算せよ（単位：千円）。ただし、税金を考慮する必要はない。

・営業収入　　　　400
・営業支出　　　　300
・減価償却費　　　 50

設問2

次の資料に基づき、正味キャッシュフローを計算せよ（単位：千円）。

・営業収入　　　　400
・営業支出　　　　300
・減価償却費　　　 50
・税率　　　　　 30％

次の資料に基づき、正味キャッシュフローを計算せよ（単位：千円）。ただし、税金を考慮する必要はない。

・営業利益　　　50
・減価償却費　　50

設問4

次の資料に基づき、正味キャッシュフローを計算せよ（単位：千円）。

・営業利益　　　50
・減価償却費　　50
・税率　　　　　30％

第2問　　　　　　　　　　　　　　　　　　　　　　　　　理解度チェック □□□

投資計算に関するCFについて、以下の設問に答えよ。

設問1

キャッシュフロー（CF）はいくらになるか、以下の数値をもとに計算せよ（単位：百万円）。ただし、法人税等の影響は考慮しないものとする。
・設備売却収入　20百万円（売却時簿価20百万円）

設問2

キャッシュフロー（CF）はいくらになるか、以下の数値をもとに計算せよ（単位：百万円）。ただし、法人税等の実効税率は30％とする。
・設備売却収入　20百万円（売却時簿価20百万円）

[設問3]

　キャッシュフロー（CF）はいくらになるか、以下の数値をもとに計算せよ（単位：百万円）。ただし、法人税等の影響は考慮しないものとする。

・営業収入　　　　350百万円

・営業支出　　　　260百万円

・減価償却費　　　30百万円

・設備売却収入　　15百万円（売却時簿価０百万円）

[設問4]

　キャッシュフロー（CF）はいくらになるか、以下の数値をもとに計算せよ（単位：百万円）。ただし、法人税等の影響は考慮しないものとする。

・営業収入　　　　350百万円

・営業支出　　　　260百万円

・減価償却費　　　30百万円

・設備売却収入　　20百万円（売却時簿価35百万円）

[設問5]

　キャッシュフロー（CF）はいくらになるか、以下の数値をもとに計算せよ（単位：百万円）。ただし、法人税等の実効税率は30％とする。

・営業収入　　　　350百万円

・営業支出　　　　260百万円

・減価償却費　　　30百万円

・設備売却収入　　20百万円（売却時簿価０百万円）

[設問6]

　キャッシュフロー（CF）はいくらになるか、以下の数値をもとに計算せよ（単位：百万円）。ただし、法人税等の実効税率は30％とする。

・営業収入　　　　350百万円

・営業支出　　　　260百万円

・減価償却費　　　30百万円

・設備売却収入　　20百万円（売却時簿価30百万円）

設問7

　キャッシュフロー（CF）はいくらになるか、以下の数値をもとに計算せよ（単位：百万円）。ただし、法人税等の影響は考慮しないものとする。

・営業利益　　　　　80百万円
・減価償却費　　　　10百万円
・設備売却収入　　　15百万円（売却時簿価 0 百万円）

設問8

　キャッシュフロー（CF）はいくらになるか、以下の数値をもとに計算せよ（単位：百万円）。ただし、法人税等の影響は考慮しないものとする。

・営業利益　　　　　80百万円
・減価償却費　　　　10百万円
・設備売却収入　　　20百万円（売却時簿価35百万円）

設問9

　キャッシュフロー（CF）はいくらになるか、以下の数値をもとに計算せよ（単位：百万円）。ただし、法人税等の実効税率は30％とする。

・営業利益　　　　　80百万円
・減価償却費　　　　10百万円
・設備売却収入　　　20百万円（売却時簿価 0 百万円）

設問10

　キャッシュフロー（CF）はいくらになるか、以下の数値をもとに計算せよ（単位：百万円）。ただし、法人税等の実効税率は30％とする。

・営業利益　　　　　80百万円
・減価償却費　　　　10百万円
・設備売却収入　　　20百万円（売却時簿価30百万円）

取替投資計算におけるキャッシュフローにつき、以下の設問に答えよ。ただし、税率は30％とする。

設問1

新設備の取得価額は500千円であり、旧設備（帳簿価額200千円）の売却収入100千円の場合、差額キャッシュフロー（実質的な投資額）を計算せよ（単位：千円）。

設問2

新設備の取得価額は500千円であり、旧設備（帳簿価額200千円）を帳簿価額で除却した場合、差額キャッシュフロー（実質的な投資額）を計算せよ（単位：千円）。

設問3

現行の設備に代えて、燃料費（現金支出）を毎年150万円節約できる新設備の導入が提案されている。他方、この設備の取り替えにより、減価償却費が毎年60万円から120万円に増加する。新規設備の差額キャッシュフローを計算せよ（単位：万円）。

現在価値に関して、以下の設問に答えよ。

設問1

　X1年期首における現在価値を計算せよ（単位：万円）。端数処理は小数点第3位を四捨五入せよ。

・なお、以下の係数を使用する（割引率8％）。

　$n＝3$，$r＝0.08$の年金現価係数 $\sum_{i=1}^{n} \dfrac{1}{(1+r)^i}$ は2.5771である。

　$n＝2$，$r＝0.08$の現価係数 $\dfrac{1}{(1+r)^n}$ は0.8573である。

	X1	X2	X3	X4	X5
	10万円	10万円	15万円	15万円	15万円

※　数値はCFを表す。

設問2

　X1年期首における現在価値を計算せよ（単位：万円）。端数処理は小数点第3位を四捨五入せよ。

・なお、以下の係数を使用する（割引率8％）。

　$n＝3$，$r＝0.08$の年金現価係数 $\sum_{i=1}^{n} \dfrac{1}{(1+r)^i}$ は2.5771である。

　$n＝3$，$r＝0.08$の現価係数 $\dfrac{1}{(1+r)^n}$ は0.7938である。

	X1	X2	X3	X4	X5	X6
	5万円	5万円	5万円	12万円	12万円	12万円

※　数値はCFを表す。

設問3

　X1年期首における現在価値を計算せよ（単位：万円）。端数処理は小数点第3位を四捨五入せよ。

・なお、以下の係数を使用する（割引率8％）。

　$n=5$，$r=0.08$の年金現価係数 $\sum_{i=1}^{n} \dfrac{1}{(1+r)^i}$ は3.9927である。

	X1	X2	X3	X4	X5	X6
	5万円	10万円	10万円	10万円	10万円	10万円

※　数値はCFを表す。

設問4

　X1年期首における現在価値を計算せよ（単位：万円）。

・なお、以下の係数を使用する（割引率10％）。

年金現価係数表（10％）

1年	0.9091
2年	1.7355
3年	2.4869
4年	3.1699
5年	3.7908
6年	4.3553

	X1	X2	X3	X4	X5	X6
	15万円	10万円	10万円	10万円	10万円	10万円

※　数値はCFを表す。

テーマ5　設備投資の経済性計算

X1年期首における現在価値を計算せよ（単位：万円）。

・なお、以下の係数を使用する（割引率10%）。

年金現価係数表（10%）

1 年	0.9091
2 年	1.7355
3 年	2.4869
4 年	3.1699
5 年	3.7908
6 年	4.3553

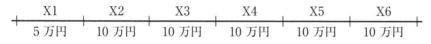

X1	X2	X3	X4	X5	X6
5万円	10万円	10万円	10万円	10万円	10万円

※　数値はCFを表す。

当社では、工場拡張投資を計画中である。この投資案の初期投資額は、4,000万円である（耐用年数は5年であり、残存価額はゼロ、定額法）。本計画では、この投資により、営業キャッシュフローが毎期1,000万円継続すると見込まれる。

このとき、この投資案の正味現在価値を計算せよ（単位：万円）。ただし、資本コストは10%として、現価係数は下表のとおりである。

複利現価係数（10%、5年）	年金現価係数（10%、5年）
0.62	3.79

当社は、次の2つの投資案を検討中である。2つの投資案のキャッシュフローは次の表のとおり予測されている。投資は第1期首に行われるものとする。なお、割引率は8％とする。

（単位：百万円）

	投資額	第1年度	第2年度	第3年度
投資案①	－280	100	100	150
投資案②	－240	100	100	100

　投資案①の正味現在価値（NPV）および投資案②のNPVの金額を計算せよ（単位：百万円）。なお、NPVの金額の計算にあたっては、以下の表を用いること。

年金現価係数 （8％、3年）	複利現価係数 （8％、3年）
2.58	0.79

　中堅印刷業のD社では、最新設備の購入により、新規顧客の獲得を検討している。

　新たな設備の購入額は40百万円で、その設備投資によって得られる年間の売上収入は50百万円であり、現金支出を伴う操業費（ランニングコスト）は30百万円である。計算にあたり、税率は30％とすること。

　この設備の耐用年数は4年であり、残存価額はゼロである。D社の資本コストは10％であり、複利現価係数および年金現価係数は次の係数を使用する。

　なお、計算結果において端数が生じた場合は、小数点第3位を四捨五入せよ。

　・n＝1〜4、r＝0.10の複利現価係数は次のとおりである。

r／n	1	2	3	4
10％	0.9091	0.8264	0.7513	0.6830

設問1

　回収期間法（時間を考慮しない方法）により、回収期間を計算せよ（単位：年）。

設問2

　割引回収期間法（時間を考慮に入れた方法）により、割引回収期間を計算せよ（単位：年）。

設問3

　正味現在価値を計算せよ（単位：百万円）。

　第X1年度初めに、現機械設備（以下、現設備）に代えて新機械設備（以下、新設備）を導入する予定である。現設備は、5年前に4,000万円で購入したもの（耐用年数10年、定額法償却、残存価額ゼロ）であり、現在1,500万円の売却価額である。また、今後5年間使用し続けた場合の売却価額はゼロである。現設備を使い続けた場合には毎年の現金収入は9,000万円、現金支出は5,200万円であると予想されている。

　新設備の購入価額は7,000万円であり、耐用年数5年、残存価額をゼロとする定額法で減価償却をする。5年後の売却価額は400万円である。新設備に更新する場合には毎年の現金収入は16,000万円、現金支出は8,200万円であると予想されている。

　なお、現設備の売却損益は、現時点（取替時）から1年後のキャッシュフロー（第X1年度末のCF）に含めるものとし、投資期間中の税率は30%とする。また、数値がマイナスになる（CFが流出する）場合には△を付すこと。

設問1

　第X1年度初めの差額キャッシュフローを計算せよ。なお、金額は単位を万円とすること。

設問2

　第X1年度末の差額キャッシュフローを計算せよ。なお、金額は単位を万円とすること。

設問3

　第X5年度末の差額キャッシュフローを計算せよ。なお、金額は単位を万円とすること。

設問4

　この投資案の正味現在価値を計算せよ。資本コストは6%である。なお、解答にあたっては、以下の複利現価係数を利用すること。また、金額は単位を万円とし、小数点第2位を四捨五入すること。

複利現価係数表（割引率6%）

年	1	2	3	4	5
複利現価係数	0.9434	0.8900	0.8396	0.7921	0.7473

　　　　　　　　　　　　　　　　　　　　　　　　　　理解度チェック □□□

　D社は新製品の製造・販売にかかわる設備投資を行うかどうかを検討している。今後3年間の売上に関しては、販売価格3万円、年間販売量は60％の確率で15,000個、40％の確率で8,000個の場合の2通りが予想され、この数値は3年間同様のまま推移する。

　また、コストに関しては、50％の確率で毎年低コストになる場合（1億1千万円）と、50％の確率で高コストになる場合（2億5千万円）の2通りが予想されている。キャッシュフローは売上からコストを控除したものとみなすことができ、初期投資6億円と見積もられている。なお、計算を簡便化するため、キャッシュフロー等を現在価値に割り引く必要はない。

設問1

　この投資案の正味現在価値の期待値（NPV）を計算せよ（単位：万円）。

設問2

　初期投資に先立って、R&D費として5千万円を投資することで、コストの高低が判明すると仮定した場合、この投資案の正味現在価値の期待値（NPV）を計算せよ（単位：万円）。

第1問　　　　　　　　　　　　　　　　　　　　　　　　　　　理解度チェック □□□

　D社では、下記のプロジェクト①もしくはプロジェクト②のいずれかのプロジェクト案を採用することを検討中であり、投資の効果を測定することとした。

　投資の内訳および減価償却に関する項目、現金収入・現金支出の予測は以下のとおりである。

　この投資の意思決定は、当初投資時点を×1期期首とする。ただし、店舗が営業を開始するのは当初投資時点から1年後であり、営業によるキャッシュフローは5年間にわたり、各期末に発生するものとする。

　この投資は当初投資時点から店舗の営業が終了するまでのキャッシュフロー予測をもとに行われる。なお、運転資本の増減は考慮しないものとする。

　計算に当たり、税率は30%とする。なお、当初投資時点に投資した建物、設備・備品については事業供用日を×2期期首とし、事業供用日から償却計算を行う。

〈プロジェクト①〉

（単位：百万円）

	投資額		耐用年数	残存価値	減価償却方法
	投資時点	1年後			
建物	240	−	30	0	定額法
設備・備品	120	−	10	0	定額法

※　建物、設備・備品の×6期期末における売却収入額は簿価と同額と予想される。

（単位：百万円）

	投資時点	×2期	×3期	×4期	×5期	×6期
現金収入	−	400	400	350	350	350
現金支出	−	280	280	250	250	250

〈プロジェクト②〉

(単位：百万円)

	投資額		耐用年数	残存価値	減価償却方法
	投資時点	1年後			
建物	150	150	30	0	定額法
設備・備品	100	－	10	0	定額法

※　建物の×6期期末における売却収入額は簿価と同額と予想される。
※　設備・備品の×6期期末における売却収入額は30百万円と予想される。

(単位：百万円)

	投資時点	×2期	×3期	×4期	×5期	×6期
現金収入	－	400	400	500	600	600
現金支出	－	320	320	400	480	480

[設問1]

　両プロジェクトを採用したことによって増加する各期の税引後キャッシュ・フロー（投資額を含まない）をそれぞれ計算せよ。

[設問2]

　両プロジェクトの正味現在価値を計算して(a)欄に記入し（金額単位を百万円とし、小数点第3位を四捨五入すること）、採用すべきプロジェクトについて(b)欄に○印を付けよ。なお、資本コストは6％とし、計算においては以下の現価係数表を用いること。

複利現価係数表（割引率6％）

年	1	2	3	4	5	6
複利現価係数	0.9434	0.8900	0.8396	0.7921	0.7473	0.7050

D社では、次のようなタイムスケジュールを持つ新商品開発プロジェクトを検討している。

現時点はX1年度（1期）期末とし、新商品の研究開発はX1年度（1期）期末に行われ、投資額は5,000万円である。研究開発の結果によって、生産は製造方法 α または製造方法 β のどちらかによって行われる。製造方法が α または β のいずれの結果になるかはそれぞれ確率1/2であると判断されている。X2年度（2期）期末には、おのおのの製造方法に応じた設備投資が必要になる。設備投資額は、製造方法 α の場合は3億円、製造方法 β の場合は6億円と見込まれている。X3年度（3期）から新製品の開発が開始され、5年間にわたって確実な営業キャッシュフローが見込まれる。営業キャッシュフローの大きさは、製造方法 α の場合には年間1.2億円、製造方法 β の場合は年間1.5億円である。なお、運転資本の増減額などの他の要因は考慮する必要はない。

D社の経営者は、研究開発の開始の可否、および研究開発の結果として決定される製造方法に従った設備投資を実施すべきかを意思決定しなければならない。必要な資金は保有する遊休施設の売却によって充当する予定であり、これに関するキャッシュフローを考慮する必要はない。また、便宜上すべてのキャッシュフローは期末に生じるものと考える。

金額単位は百万円とし、最終結果において端数が生じた場合は、小数点第2位を四捨五入せよ。法人税支払は考慮する必要はない。D社の加重平均資本コストは10%であり、複利現価係数と年金現価係数は次の値を使用する。

n = 5、r = 0.10とした場合の年金現価係数は次のとおりである。

年金現価係数 $\displaystyle\sum_{i=1}^{n}\frac{1}{(1+r)^i} = 3.7908$

n = 1、r = 0.10とした場合の複利現価係数は次のとおりである。

複利現価係数 $\displaystyle\frac{1}{(1+r)^n} = 0.9091$

設問1

D社のこの新製品開発プロジェクトのX1年度（1期）末での期待正味現在価値を求めよ。

設問2

D社のこの新製品開発プロジェクトの研究開発への着手および設備投資の可否について、それぞれどのような意思決定を行うべきか、説明せよ。

　　　　　　　　　　　　　　　　理解度チェック □□□

　D社は、研究開発を行ってきた男性向けアンチエイジング製品の生産に関わる設備投資を行うか否かについて検討している。

　以下の資料に基づいて各設問に答えよ。解答に当たっては、計算途中では端数処理は行わず、解答の最終段階で万円未満を四捨五入すること。また、計算結果がマイナスの場合は、△を数値の前に付けること。

〔資料〕

1．新製品の製造・販売に関するデータ

　現在の男性向けアンチエイジング市場の状況から、新製品の販売価格は1万円であり、初年度年間販売量は、0.7の確率で10,000個、0.3の確率で5,000個の販売が予想される。また、同製品に対する需要は5年間を見込み、2年度から5年度の年間販売量は、初年度の実績販売量と同数とする。

　単位当たり変動費は0.4万円であり、毎年度の現金支出を伴う年間固定費は2,200万円と予想される。減価償却費については、次の「2．設備投資に関するデータ」に基づいて計算する。

　初年度年間販売量ごとの正味運転資本の残高は、次のように推移すると予測している。運転資本は、5年度末に全額回収するため、5年度末の残高は「なし」となっている。なお、初年度期首における正味運転資本はない。

初年度販売量	初年度から4年度の各年度末残高	5年度末残高
10,000個	800万円	なし
5,000個	400万円	なし

2．設備投資に関するデータ

　設備投資額は11,000万円であり、初年度期首に支出される。減価償却は、耐用年数5年で、残存価額をゼロとする定額法による。また、5年度末の処分価額は取得原価の10％である。

3．法人税等、キャッシュフロー、割引率に関するデータ

　法人税等の税率は30％であり、D社は将来にわたって黒字を確保することが見込まれている。なお、初期投資以外のキャッシュフローは年度末に生じるものとする。

　本プロジェクトでは、最低要求収益率は8％と想定し、これを割引率とする。利子率8％の複利現価係数と年金現価係数は次のとおりであり、割引計算にはこの係数を適用する。

	1年	2年	3年	4年	5年
複利現価係数	0.926	0.857	0.794	0.735	0.681
年金現価係数	0.926	1.783	2.577	3.312	3.993

[設問1]

　年間販売量が(1)10,000個の場合と、(2)5,000個の場合の正味現在価値を求めよ。(1)については、計算過程も示すこと。そのうえで、(3)当該設備投資の正味現在価値の期待値を計算し、投資の可否について、カッコ内の「ある」か「ない」に○を付して答えよ。

[設問2]

(1)　初年度末に2年度以降の販売量が10,000個になるか5,000個になるかが明らかになると予想される。このとき、設備投資の実行タイミングを1年遅らせる場合の当該設備投資の正味現在価値はいくらか。計算過程を示して答えよ。1年遅らせる場合、初年度の固定費は回避可能である。また、2年度期首の正味運転資本の残高はゼロであり、その後は資料における残高と同様である。なお、1年遅らせる場合、設備の耐用年数は4年になるが、その残存価額および処分価額は変化しないものとする。

(2)　上記(1)の計算結果により、当該設備投資を初年度期首に実行すべきか、2年度期首に実行すべきかについて、根拠となる数値を示しながら50字以内で説明せよ。

企業価値、デリバティブ取引など

テーマ 6

基礎問題

加重平均資本コスト（WACC）に関して、以下の設問に答えよ。

設問1

次の資料に基づいて、加重平均資本コストを求めよ（単位：％）。

・負債割合　　　　40％　　・自己資本割合　　　60％

・税引前負債コスト　5％　　・自己資本コスト　　15％　　　・税率　0％

設問2

次の資料に基づいて、加重平均資本コストを求めよ（単位：％）。

・負債割合　　　　40％　　・自己資本割合　　　60％

・税引前負債コスト　5％　　・自己資本コスト　　15％　　　・税率　30％

設問3

次の資料に基づいて、加重平均資本コストを求めよ（単位：％）。なお、自己資本のコストはCAPMにより計算する。

負債の税引前コスト	3％	実効税率	30％
安全利子率	2％	市場リスクプレミアム	5％
β 値	0.8	自己資本比率（時価に基づく）	50％

設問4

　次の資料に基づいて、加重平均資本コストを求めよ（単位：％）。なお、自己資本のコストは配当割引モデルにより計算する。

負債の税引前コスト	4％	実効税率	30％
現在の株価	1,000円	1年後の1株当たり配当金	80円
成長率	2％	自己資本比率（時価に基づく）	50％

設問5

　当社では、新規投資に必要な資金10億円を内部留保（4億円）、借入金、普通株式の発行によって調達しようと計画している。借入金の資本コストは5％、既存の株主資本コストは9％であり、目標自己資本比率を60％とする。なお、新株発行の場合、既存の株主資本コストより1％高くなるものとする。この資金調達における加重平均資本コストを計算せよ（単位：％）。ただし、税金は考慮しないものとする。

第2問　　　　　　　　　　　　　　　　　　　　　　理解度チェック □□□

資本コスト（WACC）を計算せよ（単位：％）。

（単位：万円）

貸借対照表（要約）

資　　産	負　　債
	387,374
	自己資本
	581,061

・税引前負債コスト　　7％
・自己資本コスト　　　9％
・税率　　　　　　　　30％

フリーキャッシュフロー（FCF）に関して、以下の設問に答えよ。ただし、税率は30％とする。

設問1

フリーキャッシュフロー（FCF）を計算せよ（単位：百万円）。ただし、減価償却費と同額が設備投資更新に充てられるものとし、運転資金の増減等は考慮する必要はない。

・営業利益　　　　　　200百万円
・経常利益　　　　　　150百万円

設問2

フリーキャッシュフロー（FCF）を計算せよ（単位：百万円)。

・営業利益　　　　　　　200百万円
・減価償却費　　　　　　50百万円
・運転資金の増加額　　　20百万円
・投資額　　　　　　　　15百万円

フリーキャッシュフロー（FCF）を計算せよ（単位：百万円）。

・営業利益　　　　　　200百万円
・減価償却費　　　　　 40百万円
・売上債権の増加額　　 15百万円
・棚卸資産の増加額　　 20百万円
・仕入債務の増加額　　 10百万円
・設備投資額　　　　　 30百万円

設問4

フリーキャッシュフロー（FCF）を計算せよ（単位：百万円）。

・営業利益　　　　　　200百万円
・減価償却費　　　　　 40百万円
・売上債権の増加額　　 15百万円
・棚卸資産の減少額　　 20百万円
・仕入債務の減少額　　 10百万円
・設備投資額　　　　　 30百万円

テーマ6　企業価値、デリバティブ取引など

D社はW社を買収することを計画している（現時点はX1年度末である）。W社の予測損益計算書や設備投資額、運転資本の増減は以下のようになっている。

〈予測損益計算書　（単位：万円)〉

年度	X2年度	X3年度	X4年度	X5年度
売上高	7,000	7,140	7,282	7,427
営業費用 （減価償却費を除く）	6,730	6,869	7,010	7,133
減価償却費	200	200	200	220
営業利益	70	71	72	74
支払利息	60	60	60	60
税引前利益	10	11	12	14
法人税等	3	3	4	4
当期純利益	7	8	8	10

〈設備投資額・運転資本の増減　（単位：万円)〉

年度	X2年度	X3年度	X4年度	X5年度
設備投資額			100	
運転資本の増減	＋30	△5	＋25	＋31.8

※運転資本の増減は追加投資額を＋、回収額を△の値で示している。

D社はW社を買収するにあたり、DCF法によって企業価値を計算することにした。以下の設問に答えよ。なお、当社の加重平均資本コストは6％、利益に対する税率は30％とする。

設問1

X2年度からX5年度までの各年度のフリーキャッシュフローを計算せよ。

設問2

X6年度以降はX5年度と同額のフリーキャッシュフローが永遠に続くと推定して、X1年度末におけるW社の企業価値を計算せよ。解答の最終値の小数点第2位を四捨五入すること。

なお、利子率6％のときの現価係数は以下のとおりである。

〈現価係数表　6％〉

	1年	2年	3年	4年	5年
複利現価係数	0.9434	0.8900	0.8396	0.7921	0.7473

第5問

為替予約に関して、次の空欄AとBに入る語句を示せ。

　輸入業を営むA社は、3ヵ月後にドル建てで商品の仕入代金を支払う予定である。A社が為替リスクをヘッジする取引として、　A　の為替予約を行う。

　一方、輸出業を営むB社は、3ヵ月後にドル建てで商品の売上代金を受取る予定である。B社が為替リスクをヘッジする取引として、　B　の為替予約を行う。

第6問

通貨オプションの利用に関して、以下の設問に答えよ。

設問1

　ドル建て債権のある輸出業者のX社は、為替変動リスクに備えるため、通貨オプションの利用を検討中である。この場合のリスクヘッジ手段を説明せよ。

設問2

　ドル建て債務のある輸入業者のY社は、為替変動リスクに備えるため、通貨オプションの利用を検討中である。この場合のリスクヘッジ手段を説明せよ。

第7問

　D社では、海外へ製品を輸出しており、販売時から3ヵ月後に回収期日が到来するものとする。為替相場（ドル/円）の変動に対応すべく、オプションの活用を検討している。

　D社はどのようなオプションを購入するべきか、また、オプションの満期日にはどのように対処すればよいか、80字以内で述べよ。なお、本問ではヨーロピアンタイプのオプションを前提とする。

第1問　　　　　　　　　　　　　　　　　　　　　　　　　理解度チェック □□□

D社は、自社の企業価値を計算することとなった。第7期（今年度の見込）から第10期までの必要なデータは以下のとおりである。

〈データ〉

・事業計画情報

(単位：百万円)

	第7期	第8期	第9期	第10期
営業利益	300	350	400	450
減価償却費	100	120	120	120
運転資本増加額	40	−30	50	30
設備投資額	180	200	200	200

・資産負債の状況

時価300百万円の遊休不動産を保有している。

・第11期以降のフリーキャッシュフローは、第10期のものが永久的に2％で成長すると仮定する。

・税率は30％とする。

設問1

第7期から第10期までのフリーキャッシュフロー（FCF）を計算せよ（単位：百万円）。

設問2

第6期末時点の企業価値を計算せよ（単位：百万円。端数が生じた場合は百万円未満を切り捨てること）。ただし、D社の加重平均資本コストは10％とし、割引計算の際には以下の係数を使用するものとする。

複利現価係数表

1年	0.9091
2年	0.8264
3年	0.7513
4年	0.6830

D社では、海外に拠点を有するX社からの受注を受けている。注文を受けている製品は、1ロット100ドルで500ロット販売される。代金は、商品の引き渡しから2カ月後にドルにより支払われる。

現在の直物レートは1ドル＝100円であるが、2カ月後には為替が変動するリスクがある。そこで、D社ではこの取引によるリスクを回避するために、決済日（2カ月後）に1ドル100円で売上分のドルを売ることができる通貨オプション（ヨーロピアンタイプのプットオプション）を購入することとした。なお、オプション料は総額10万円である。

設問1

決済日において、1ドル80円になった場合の正味損益について述べよ（単位：万円）。

設問2

決済日において、1ドル120円になった場合の正味損益について述べよ（単位：万円）。

　　　　　　　　　　　　　　　　　　　理解度チェック □□□

今年度のD社の貸借対照表

（単位：百万円）

〈資産の部〉		〈負債の部〉	
流動資産	388	流動負債	290
現金及び預金	116	仕入債務	10
売上債権	237	短期借入金	35
たな卸資産	10	未払金	−
前払費用	6	未払費用	211
その他の流動資産	19	未払消費税等	19
固定資産	115	その他の流動負債	15
有形固定資産	88	固定負債	34
建物	19	負債合計	324
リース資産	−	〈純資産の部〉	
土地	66	資本金	50
その他の有形固定資産	3	資本剰余金	114
無形固定資産	18	利益剰余金	15
投資その他の資産	9	純資産合計	179
資産合計	503	負債・純資産合計	503

　D社は今年度の初めにF社を吸収合併し、インテリアのトータルサポート事業のサービスを拡充した。今年度の実績から、この吸収合併の効果を評価することになった。以下の設問に答えよ。なお、利益に対する税率は30％である。

設問1

吸収合併によってD社が取得したF社の資産及び負債は次のとおりであった。

（単位：百万円）

流動資産	99	流動負債	128
固定資産	91	固定負債	10
合　計	190	合　計	138

今年度の財務諸表をもとに①加重平均資本コスト（WACC）と、②吸収合併により増加した資産に対して要求されるキャッシュフロー（単位：百万円）を求め、その値を(a)欄に、計算過程を(b)欄に記入せよ。なお、株主資本に対する資本コストは8％、負債に対する資本コストは1％とする。また、(a)欄の値については小数点第3位を四捨五入すること。

設問2

インテリアのトータルサポート事業のうち、吸収合併により拡充されたサービスの営業損益に関する現金収支と非資金費用は次のとおりであった。

（単位：百万円）

収　益	収　入	400
費　用	支　出	395
	非資金費用	1

企業価値の増減を示すために、吸収合併により増加したキャッシュフロー（単位：百万円）を求め、その値を(a)欄に、計算過程を(b)欄に記入せよ。なお、運転資本の増減は考慮しない。

設問3

設問2 で求めたキャッシュフローが将来にわたって一定率で成長するものとする。その場合、キャッシュフローの現在価値合計が吸収合併により増加した資産の金額に一致するのは、キャッシュフローが毎年度何パーセント成長するときか。キャッシュフローの成長率を(a)欄に、計算過程を(b)欄に記入せよ。なお、(a)欄の成長率については小数点第3位を四捨五入すること。

―――― 別 冊 ② ――――

　この冊子には、【解答用紙】がとじ込まれています。一番外側の色紙（本紙）を残して、【解答用紙】の冊子を取り外してご利用ください。

冊子を取り外す

色紙

● 取り外しの際の損傷についてのお取り替えはご遠慮願います。

● 解答用紙はダウンロードもご利用いただけます。
　TAC出版書籍販売サイト「Cyber Book Store（サイバーブックストア）」にアクセスしてご利用ください。

中小企業診断士　第2次試験
事例Ⅳの解き方　（第2版）

解 答 用 紙

第1問

		財務指標	計算式
収益性			
安全性	短期		
	長期		
	調達構造		
効率性			

第2問

売上高総利益率	
売上高営業利益率	
売上高経常利益率	
売上債権回転率	
棚卸資産回転率	
有形固定資産回転率	
流動比率	
当座比率	
固定比率	
固定長期適合率	
自己資本比率	
負債比率	

第3問

財務指標	影響
流動比率	
当座比率	
自己資本比率	
負債比率	

第4問

設問1

①		②		③		
④			⑤			
⑥			⑦		⑧	

設問2

売上高総利益率	
売上高営業利益率	
売上高経常利益率	
売上債権回転率	
棚卸資産回転率	
有形固定資産回転率	
流動比率	
当座比率	
固定比率	
固定長期適合率	
自己資本比率	
負債比率	

テーマ1　応用問題

第1問

設問1

	(a)	(b)
①		（　　　）
②		（　　　）
③		（　　　）

設問2

第2問

設問1

	(a)	(b)
①		（　　　）
②		（　　　）
③		（　　　）

設問2

令和2年　第1問

設問1

	(a)	(b)
①		（　　）
②		（　　）
		（　　）

設問2

テーマ2 基礎問題

第1問

損益分岐点営業量		(個)
損益分岐点比率		(%)

第2問

損益分岐点売上高		(円)
安 全 余 裕 率		(%)

第3問

	(万円)

第4問

	(万円)

第5問

①		（千円）
②		（千円）

第6問

設問1 | | （千円） |

設問2 | | （千円） |

第7問

設問1

(a)		（％）	(b)		（百万円）

設問2

(a)		（百万円）	(b)		（百万円）

テーマ2　応用問題

第1問

設問1

	（％）

設問2

	（百万円）

第2問

設問1

100ロット/月の場合	（円）
200ロット/月の場合	（円）
300ロット/月の場合	（円）

設問2

	（個）

テーマ2　過去問にチャレンジ！

令和4年　第3問（設問1）

(a)	（円）	
(b)		

第1問

①	②	③	④	⑤	⑥	⑦

第2問

税引前当期純利益
特別利益
特別損失
小　計
法人税等の支払額
営業活動によるCF

第3問

（単位：百万円）

税引前当期純利益	30
減価償却費	5
営業外収益	－ 2
営業外費用	4
小　計	
利息の受取額	
利息の支払額	
法人税等の支払額	－ 3
営業活動によるCF	

第4問

（単位：百万円）

税引前当期純利益	
減価償却費	
営業外収益	
営業外費用	
小　計	
利息の受取額	
利息の支払額	
法人税等の支払額	
営業活動によるCF	

第5問

	（万円）

第6問

設問1 | | （千円） |

設問2 | | （千円） |

第7問

	（百万円）

第1問

（単位：百万円）

項　　目	金　額
税引前当期純利益	
営業キャッシュフロー合計額	

（単位：百万円）

項　　目	金　額
投資キャッシュフロー合計額	

第2問

(a)	（百万円）	(b)	（百万円）	(c)	（百万円）

（単位：百万円）

その他固定負債の減少額	－2
小　計	
営業活動によるCF	

テーマ4　基礎問題

第1問

A部門	（百万円）
B部門	（百万円）
C部門	（百万円）

第2問

設問1

①	(a)	（％）	(b)	（％）
②	(a)	（％）	(b)	（％）
③	(a)	（％）	(b)	（％）

設問2

第3問

(単位：百万円)

(a)

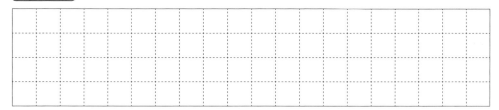

(b)

第4問

①	（倍）
②	（倍）

第5問

第6問

製品A	(個)
製品B	(個)
製品C	(個)

第7問

(百万円)

第8問

設問1

設問2

設問3

第１問

設問１

（単位：％）

R	S	T	U

設問２

（単位：ロット）

R	S	T	U

第２問

| |
| |

テーマ4　過去問にチャレンジ！

設問1

(X)	(Y)	(Z)
（　　　）	（　　　）	（　　　）

設問2

テーマ５　基礎問題

第１問

設問1 [　　　　　　　　　　　]（千円）

設問2 [　　　　　　　　　　　]（千円）

設問3 [　　　　　　　　　　　]（千円）

設問4 [　　　　　　　　　　　]（千円）

第２問

設問1 [　　　　　　　　　　　]（百万円）

設問2 [　　　　　　　　　　　]（百万円）

設問3 [　　　　　　　　　　　]（百万円）

設問4 [　　　　　　　　　　　]（百万円）

設問5 [　　　　　　　　　　　]（百万円）

設問6 [　　　　　　　　　　　]（百万円）

設問7 [　　　　　　　　　　　]（百万円）

設問8 [　　　　　　　　　　　]（百万円）

設問9 [　　　　　　　　　　　]（百万円）

設問10 [　　　　　　　　　　　]（百万円）

第3問

設問1 ［　　　　　　　　　］（千円）

設問2 ［　　　　　　　　　］（千円）

設問3 ［　　　　　　　　　］（万円）

第4問

設問1 ［　　　　　　　　　］（万円）

設問2 ［　　　　　　　　　］（万円）

設問3 ［　　　　　　　　　］（万円）

設問4 ［　　　　　　　　　］（万円）

設問5 ［　　　　　　　　　］（万円）

第5問

［　　　　　　　　　］（万円）

第6問

投資案①	（百万円）
投資案②	（百万円）

第7問

設問1 [　　　　　　　　] （年）

設問2 [　　　　　　　　] （年）

設問3 [　　　　　　　　] （百万円）

第8問

設問1

[　　　　　　　　] （万円）

設問2

[　　　　　　　　] （万円）

設問3

[　　　　　　　　] （万円）

設問4

[　　　　　　　　] （万円）

第9問

設問1 [　　　　　　　　] （万円）

設問2 [　　　　　　　　] （万円）

第1問

設問1

プロジェクト①　　　　　　　　　　　　　　　　　　　　　　　　（単位：百万円）

×2期	×3期	×4期	×5期	×6期

プロジェクト②　　　　　　　　　　　　　　　　　　　　　　　　（単位：百万円）

×2期	×3期	×4期	×5期	×6期

設問2

	(a)	(b)
プロジェクト①	（百万円）	
プロジェクト②	（百万円）	

第2問

設問1 ｜　　　　（百万円）　　｜

設問2

テーマ5　過去問にチャレンジ！

設問1

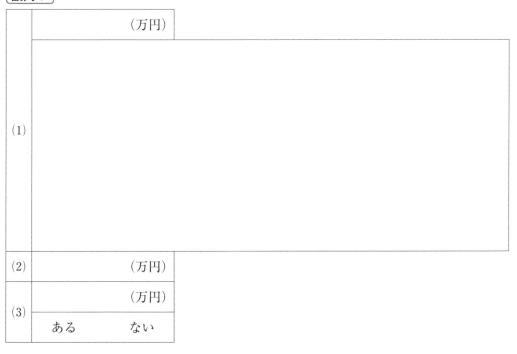

設問2

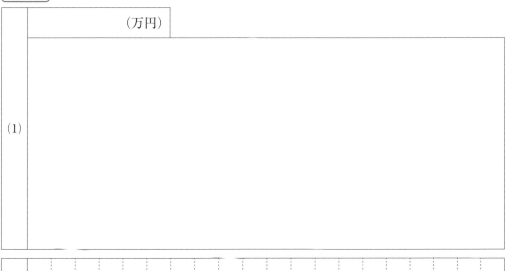

テーマ6　基礎問題

第1問

設問1 [　　　　　　　（％）]

設問2 [　　　　　　　（％）]

設問3 [　　　　　　　（％）]

設問4 [　　　　　　　（％）]

設問5 [　　　　　　　（％）]

第2問

[　　　　　　　（％）]

第3問

設問1 [　　　　　　　（百万円）]

設問2 [　　　　　　　（百万円）]

設問3 [　　　　　　　（百万円）]

設問4 [　　　　　　　（百万円）]

第4問

設問1

（単位：万円）

X2年度	X3年度	X4年度	X5年度

設問2

（万円）

第5問

A	
B	

第6問

設問1

設問2

第7問

テーマ６　応用問題

第1問

設問1

（単位：百万円）

	第 7 期	第 8 期	第 9 期	第10期
FCF				

設問2　　　（百万円）

第2問

設問1

設問2

テーマ6　過去問にチャレンジ！

平成30年　第2問　改題

設問1

	(a)	(b)
①	％	
②	百万円	

設問2

(a)		(b)	
	百万円		

設問3

(a)		(b)	
	％